노을을 붙잡고

은암 강연익 세 번째 시집

노을을 붙잡고

그림과책

| 시인의 말 |

　생성과 소멸이 끊임없는 움직임이 이 우주법계의 법칙 안에서 반복되는 동안 생사의 변함없는 변화 속에 삶이란 스스로 오랜 세월 가시처럼 느껴졌던 고통과 부질없는 괴로움을 만들어 내는 어리석은 모습이었다는 것을 깨닫고 죽음에서 삶을 피워 내는 무상한 흐름으로 수평선으로 다가오는 노을을 붙잡고 하루를 감사하게 보내며 작은 여유를 시에 싣고 저녁노을에 띄워 보냅니다.

을사년 여름

강 연 익

차 례

5   시인의 말

제1부   지나는 자리

14   나를 찾아서
15   원죄
16   어색한 동행
17   생각이 바뀌어야
18   끈을 붙잡고
19   지나는 자리
20   눈 내리는 날
21   조粟米
22   이별 뒤에는
23   신의 뜻이라면
24   가을은
25   사랑합니다
26   범종 소리
27   바다로 가고 싶다
28   태평양을 건너며
29   번뇌
30   한가위 보름달
31   축복의 자리

제2부 하루를 건너며

34 바람처럼
35 추억
36 하루를 건너며
37 사랑하는 당신에게
38 어머님 명복을 빌며
39 빚진 인생
40 아름다운 제주
41 바다에서 보낸 인생
42 코로나19 2
43 무소유
44 자비란
45 감귤나무
46 코로나와의 사투
47 생과 사
48 보리심菩提心
49 공空

제3부 인연 업보

52　인연 업보
53　꽃비 내리던 날
54　멍멍이 생각
55　깨달음이란
56　내 마음속에
57　갈매기가 가는 곳
58　인연 따라 살다 보면
59　원래 하나인 것을
60　인연법
61　내 것은 없다
62　물과 같이 삽시다
63　오늘만 생각하며
64　나를 벗어나야
65　삶과 죽음
66　무아無我
67　팔만사천 번뇌
68　나는 누구일까?
69　생각이 만들어 내는 것

제4부 어디로 가는가?

72　겨울 파도
73　비석
74　바닷가에서
75　마음의 자리
76　자연과의 협치
77　님 오신 길
78　밝은 자리 찾아서
79　장엄한 축제
80　내일은 어떤 날일까?
81　가을의 색깔
82　한심한 세상
83　꽃으로 피어나리
84　긍정의 자리
85　운명이라면
86　태어남과 소멸
87　어디로 가는가?
88　가을은 고독한 계절
89　기도祈禱
90　선각자이신 어머니
91　할아버지의 일생
92　부부라는 이름

제5부 영원한 이별

96   영원한 이별
97   열반의 빛이란
98   산책
99   4.3의 회상
100 나무의 일생
101 파도는 흔적을 지우고
102 황천에서
103 생명의 소리들
104 자연에서 배우는 법칙
105 초록의 향기
106 빛과 어둠
107 뒤돌아본 길
108 빛과 그림자
109 내 마음
110 꿩알
111 큰 노꼬메 오름
112 고향 생각
113 나목
114 붉은오름
115 길
116 한 조각 구름인 걸
117 하늘로 여행

제6부 노을을 붙잡고

120 영등할망
121 달맞이꽃
122 오름 목장
123 2020년 코로나19
124 자연의 은혜
125 자연의 소리들
126 노을을 붙잡고
127 봄을 맞이하며
128 저녁 바람이 불 때
129 선인의 뒤를 따라
130 별에게 길을 묻고
131 다 되돌려 놓고
132 꽃잎이 지던 날
133 노인의 길

134 해설

제1부 지나는 자리

초승달 사이 어둠은 깊어가고
날이 새면 아름다운 빛이 되는 곳
여기에 빛과 더불어 희망이 자란다

나를 찾아서

내 깊은 곳에 자리한 본래의 고향
마음속 숨어있는 그리움을 깨닫고
고향 찾아가리라는 원력을 세운다

이 송장을 끌고 다니는 나를 버리고
일시적으로 생기고 사라지는 허망한
그 자리에 나타나는 허깨비 같은 것들

마음을 어떻게 다스리며 살아야 할까?
이제껏 지배해온 욕망과 집착을 버리고
전도몽상에서 깨어 나를 찾는 일이다

고정관념인 온갖 상을 깨트리면
나비가 고추를 뚫고 나와 하늘을 날듯이
내 앞에 나타나는 모습이 진짜 나이다.

원죄

여기에 올 때 가지고 온 건 무엇일까?
그것은 빈 백지장 같은 마음일 뿐
시간을 먹고 그려가는 내 안의 그림들
이것은 영혼이 먹고 자라는 양식이다

하늘의 구름처럼 사랑은 내 가슴에 피어오르고
그러지도 저러지도 못하는
죄의 족쇄에 묶여 길 잃은 방랑자로 떠돌다
가을의 낙엽처럼 사라질런가?

인연 따라 왔다가는 것이 꿈이고
집착이라 해도 한바탕 연극을 하고 나면
막이 내리고 끝내야 하는 떠나는 먼 길
인생 목적지 찾아 헤매는 곳은 어딜까?

어색한 동행

흙이 되어 사라졌다가도
봄의 새싹으로 태어나는 꽃을
수목원 숲길에서 보았습니다

얼굴 붉히며 처음 만난 시선
지나는 바람이 인연으로 만나
그대와 같이 걷고 싶습니다

새와 꽃이 노래하는 숲속에
하르르 갑자기 꽃비가 내리면
어색한 마음을 가득 채워 줍니다

어둠이 오면 해결될 것 같아
아직 오지 않은 시간에 속한
어린 고요가 눈빛으로 마주칩니다.

생각이 바뀌어야

그대로 두고 바뀔 수는 없고
바뀌어야 세상이 바뀐다는 진실로
애착과 탐욕을 끊어 영원불변한
진짜 세계를 찾아 나서자

    내가 옳다는 생각 때문에 서로를
    이해해 주지 못하고 칭찬 못했지만
    서로가 다르다는 것을 인정하고
    이해하며 험담하지 말고 칭찬해 주자

        미워해도 너그럽게 이해하면서
        세상은 혼자가 아니고 함께 해야 하는
        삶이기에 서로 이해하고 용서하는
        마음으로 서로 돕고 노력해 가자.

끈을 붙잡고

끈을 놓치지 않으려는 사람들
끈을 놓쳤다가 다시 용기를 내어
끈을 잡는 사람들, 끝내 끈을 놓치고
깊은 나락으로 빠져 헤매는 사람들,
끈을 잡고 있어 고마워하는 사람들
자기의 영원한 동아줄을 만들려는
욕망을 가진 사람들

많은 사람들이 아침을 질주하고 있다
먼저 가서 끈을 차지하려는 것일까?
삶의 끈을 단단히 붙잡아 매어두려고
생이 한순간의 외로운 떨림으로 인하여
상처가 되어 생명의 끈을 놓아버리는 날이면
아니 갈 수 없는 낙오자가 되어
인연을 끊고 이별해야 한다.

지나는 자리

초승달 사이 어둠은 깊어가고
날이 새면 아름다운 빛이 되는 곳
여기에 빛과 더불어 희망이 자란다

잎이 떨어져 나간 자리의 상처를
근본인 뿌리가 상처를 잡아 주듯
철이 들었나 싶은데 미궁 속을 헤맨다

시간의 빈자리 이별이라 생각하지만
또 다른 시간이 와서 채워 주리니
인생은 돌아보면 짧은 세월이었다

미처 하고 싶은 말 가슴에 묻어둔 채
내 심장소리만 요란하게 뒤척이는데
숱하게 오고 간 흔적들이 지나간다.

눈 내리는 날

구름을 몰고 눈은 쌓이는데 대륙을 건너온 눈발 사이로
선녀가 하늘에서 내려온다는 소식에
기다리며 시간은 흐르고

함박눈이 대지를 때리다 닫힌 하늘이 열리고
잠시 눈이 그치자 질투라도 하듯 그 틈을 무섭게 달려
드는 검은 구름들 사이로 선녀가 내려와
반갑게 손을 잡고 눈길을 거닐다 약속한 시간이 다가와
하얀 동화의 나라에서 손 흔들며 떠난다

그때 오고 간 발자국 다 지워지고 길을 잃은 슬픔에
나를 반겨주는 곳에서 서성이다 하얀 세상에 풀리는
그날 천사가 기다리는 하늘로 떠나리라.

조粟米

 조를 파종하기 위하여선 물이 잘 빠지도록 도랑을 세워 이랑을 만들고 소나 말이나 사람이 흙을 다지고 파종을 하며 장마로 종자가 유실된 곳에는 따가운 여름볕에 종자를 솎아 심어주고 김을 매고 나면 피부는 아프리카 검둥이가 되곤 했다

 조는 오곡이나 약초여서 병충해가 없고 빨리 자라서 풍요롭게 황금빛 가을로 익어가며 익을수록 제 무게를 견디지 못해 고개를 숙인 선비의 자태이고 작은 알갱이 하나하나에도 노란 영혼이 깃들어 있다

 씨 뿌리고 가꾸어 거두어들이는 자연의 경건함은 곧 우리들의 삶의 경전이기도 하고 이제는 볼 수 없는 유년의 기억들도 잊혀 가는데 약초보다 더 귀한 조는 이제 우리 곁을 떠나 어느 날 오일장에서 할머니가 파는 조 알갱이를 보며 유년의 힘들고 아팠던 기억을 느끼며 눈시울이 뜨거워지기도 하였다.

이별 뒤에는

철들었나 싶은데 초록은 바래지고
계절은 황금빛 열매를 맺게 하지만
갈색 가지에는 낡은 노을이 자리 잡는다

모든 날이 바뀌어 자리를 옮기고
영원할 수 없다는 절망이 가슴을 찍는데
잎새는 바람에 덧없이 사라져 간다

이 빈자리 이별이라 생각하지만
다시 동쪽에서 떠오르는 새로운 시간이
이별의 쓸쓸한 외로움을 채워 주리라.

신이 뜻이라면

 아기의 첫울음은 슬픈 소리인가, 기쁜 소리일까,
 행복과 불행 모두 한 몸으로 나왔기에 무엇이라는 것마저 불확실하지만 재물로도 인간을 만들지 못하는 것을 축복으로 맞이하여야 하지 않을까?

 왜 자신을 숨기려 드는가 끝없이 펼쳐진 저 수평선 너머에는 찬란함이 기다리고 있지 않은가?
 신이 보낸 것이라면 포기하는 것 또한 신을 모독함이며 죄를 범하는 것이리라

 포기 말고 부지런히 살다 보면 불행만 주어지진 않으리니 한숨으로 시간을 낭비하려는가? 지나가는 세상에 더없는 아름다움이여 긍정하는 자는 청춘이요 부정하는 자는 노인이라네, 뜻대로 하라고 맡기고 용기를 내자.

가을은

감나무잎이 가을을 불러온다
하늘거리며 몇 잎 남은 가지에도
가을이 내려와 앉는다

먼 산 붉은 물감 뿌리며 계곡을
넘어서 온 노란 가을이 가득하고
여기에 피는 꽃은 사연도 모른 채
빨라지고 이별을 한다

가을은 노랗게 붉게 세월을 익히며
찬바람은 재촉하며 가을을 데리고 가면
햇빛은 유난히 따가워 단풍처럼
나를 익게 만들고 가을이 다가와
어서 가자고 재촉을 한다.

사랑합니다

미소 한번 따뜻하게 나누지 못했어도
그를 위해 내 눈물 흘릴 수 있었고
당신을 만나 너무 부족한 걸 안다

임 향한 일편단심 사랑만 꿈꾸며
남몰래 쓰라린 가슴 적시던 날들
이제 사랑 찾아 길을 나선다

마음을 주고 정 주지 못했지만
이제부터라도 사랑으로 살고 싶어
설레는 마음 안고 길을 걷는다

당신과 함께한 세상은 살 만했고
이별이 온다 해도 남은 흔적 지워지는 날
감사하고 고마운 삶이었다고 말하리다.

범종 소리

이른 새벽 새날을 알리고 생명을 깨워주는 깨달음의 울림
마음속 파고들어 침전된 괴로움들
밖으로 튀어나와 바람으로 흩어진다

저 소리 어둠을 흔들며 25초의 울림에 빗장 풀고
날 짐승과 물고기 축생들도 깨어나 마음을 여미며
몸을 씻는다

범종 소리 무량한 우주로 번져나가면
숨고 지내던 자비심이 깨어나고
그 소리에 자연의 법리를 깨우고
소리는 자취를 남기지 않고 사라진다

무명을 깨치던 마음도 자리를 잡고 생을 멈추고
경건한 자신을 찾아 저승의 신명들도 소리 따라 모여들고
속세에 잊었던 깊은 자아를 깨워준다.

바다로 가고 싶다

바닷물이 부르는 소리 따라 흩날리는 파도와
물거품 갈매기 떼 소리 멀리 들리는
수평선 따라 바다로 가고 싶다

정처 없는 집시의 삶이라도 행복의 근원을 찾아
노을 따라 젊은이여 가자 바다의 비밀을 캐러
무한한 가능성의 바다로 가고 싶다

가야는 길이라면 바람과 물결 아우성치더라도
뒤도 곁도 보지 않고 앞으로 나가는 것이
내 운명이라면 파도가 삼키려 들지라도 가리다

물결 타고 넘으며 내가 이룰 곳까지 천년 쌓아온
바다의 외로운 시간을 고기떼들의 속삭이는
적막을 뚫고 파도 소리 따라 나는 가고 싶다.

太平洋을 건너며

여기는 망망대해 태평양 한복판
가도가도 며칠째 보이는 것은 없고
태양과 달과 별이 뜨고 지는 시간을
세월로 엮으며 반복되는 시간을 보낸다

육지가 가까워지면 제일 먼저 갈매기가 절벽 같은
거대한 파도의 이랑을 헤치고 왔다고 찾아와 반기며
위로 삼아 끼룩끼룩 반겨준다

지루한 기다림 속에서 찾아오는 그리움은
소주잔을 채우고 비우며
아물지 못하는 상처로 표류하고 있고
눈을 감으면 아직도 출렁이며 수평선을 향하고 있다.

번뇌

모든 것들이 소멸되었다가 시간이 지난 후에
다시 태어나고 없어지고
다시 생기는 이 자연의 섭리를 아는가?

태양은 다시 떠오르고 활짝 피었다가
노을로 지려니 모든 것들 보내면 되는 것을
이 순간을 잡으려 아우성인가?

붙잡고 놓지 못하는 것을 안타까워 해보지만
어찌하랴 그것이 자연의 순리인 것을,
그걸 모르고 소홀했던 것을 안다

가고 또 오는 인생 또한 그러한 것을 생각하지만
그걸 위해 한 것 없이 저무는 노을 보며
내일을 두려워하고 있다.

한가위 보름달

근심 걱정 없이 해 맑은 모습으로
유년에 나의 벗이 되어 반겨주던 달빛
바닷가로 나가 고독을 달래주던 그때

나는 희망을 가지고 지혜를 배우고
겸손을 배웠고 참는 인내심을 배웠다
언제나 변함없이 웃으며 반겨주던 달

내가 묻는 말에 답을 주었고
언제나 나의 구원자가 되어주던
온유한 모습의 자비로운 한가위 보름달

보름달처럼 하얀 웃음으로 멀리서
형제들 다 한 곳에 모여 정을 나누며
설레임으로 보름달의 축복을 받습니다.

축복의 자리

우리는 진리 생명을 가지고
무한한 가능성으로 왔지만
그러나 스스로 유한에 갇힌 채
스스로 어둠 속을 찾아 헤맨다

잘됐든 못됐든 좋든 싫든
나타났다 사라지는 안개 같은 환상
언제나 맑고 밝고 가득 찬
생도 없고 멸도 없는 밝은 자리

영광과 은혜로운 축복이 자리
마음의 그 자리를 찾아가면
어떠한 어려움 없이 밝아지는
빛으로 어둠을 몰아내는 축복의 자리

제2부 하루를 건너며

아침 이슬을 가득히 채우고

비친 달 그림자처럼 빈 것들 사라져 가는

평범한 하루를 건너고 있다

바람처럼

하늘을 날고 싶어 은빛 물결 위로
낭만을 만들고 햇살이 만물을 키우며
숨을 쉬고 호흡을 하며 빚지고 산다

태양과 달은 흔적 없이 빛을 주며
슬픔과 고통을 미소로 위로하고
우린 바람 타고 날고 싶을 때도 있었다

호수에 바람이 찾아와 마주 보며
눈빛으로 위로하며 이별을 하고
바람은 삶에 지친 시간도 삼켜 버린다

사람은 바람처럼 떠도는 길도 모르고
삶의 흔적마저 다 쓸어가면
인생 삶의 무게도 바람처럼 가벼워진다.

추억 追憶

가을 잎새처럼 발자국을 지우며
어디서 와서 가는지 모른 채 살다가
사라지는 마음속 흔적들 기억하리라

탈색되어 가는 내 삶의 얼룩을 지우며
아름다운 일 행복했던 일 자취로 남아
가을 낙엽에 싣고 보내리라

고맙던 일 감사했던 일
그리움으로 깊이 남아 숨어있다가 꽃이 피는 봄날
잊힌 그날들 꽃으로 피워 내리라.

하루를 건너며

내가 가는 이 길이 바른길인지
그른 길인지 알지 못하고 누군가 걸었던
이 길을 따라 건너고 있다

아침 이슬을 가득히 채우고
비친 달 그림자처럼 빈 것들 사라져 가는
하루를 건너고 있다

연잎은 빗방울 받아 고이면 수정처럼 투명한 물을
미련 없이 버리고 감당할 수 있는 무게만큼 비우는
그 지혜로 하루를 건넌다

삶도 이와 같아 삶의 무게를 초월하지 말고
하늘에 뜬 구름과 같은 자유를 누리며
축복 속에 하루를 건너면 된다.

사랑하는 당신에게

언제나 파도를 부르는 바람 소리 찾아들면
아련히 떠오르는 즐거운 가족들의 환영

당신과 나 사이를 갈라놓았지만 "사랑합니다"
이 먼 길을 온 것은 우리를 위해서랍니다

한동안 우리를 갈라놓은 것이 숙명이라 할지라도
당신을 위해 해질녘마다 희망의 기도 드려요

가장 소중한 사랑 정성으로 이루어 놓은
믿음의 사랑을 위해 바다 건너 당신에게 인사드려요

어머님 명복을 빌며

어머님의 고통을 그때는 몰랐으며 아프거나 고통스러워도 표를 내지 않았고 제가 아버지가 되고 나서 유년 시절을 생각하며 어머님은 저희들이 열심히 공부만 하도록 하셨던 걸 알았습니다

지금도 고향에 가면 어머님이 다니셨던 길을 돌아보며 어머님의 자취를 그려보며 열심히 착실하게 사는 것만이 어머님을 위한 길이라는 걸 알고 열심히 노력하며 살았고 자식을 위한 투자가 옳았다는 것을 증명하고자 노력하였습니다

나중에는 어머님도 그것이 바른 생각이었음을 알고 흐뭇했지만 이제 편안히 지낼 만하니까 사고로 돌아가셨습니다

어떻게 이런 일이 일어날 수 있습니까? 이제 할 수 있는 일이란 어머님이 열심히 다녔던 종교에서 정성껏 천도나 해 드리는 일밖에, 엊그제 같더니 벌써 떠나보낸 지가 30년이나 흘렀습니다. 어머님의 명복을 빕니다.

빚진 인생

해와 달이 웃으며 반겨주는 고마움
새들이 지저귀며 들려주는 우주의 노랫소리를
고맙게 받아들인 적이 있었는가?

이 시간까지 나의 생명 허락해 주심을
고맙고 감사하게 생각하며 헤아릴 수 없는
자연에 진 빚을 갚으려 한 적 있었던가?

이제부터라도 빚진 것을 조금씩 갚으며
허락된 그날까지 베풀며 살기 위해
움켜쥐고 있던 욕심 하나둘 내려놓으며 살자

오래된 나무가 그늘을 키워주듯 시들면서
지는 꽃이 씨앗을 만들 듯 지금껏 살면서
빚진 것이 얼마일까 남은 생을 갚으며 살자.

아름다운 제주

제주의 오름과 사려니 숲길을 걸으며 자연과의 만남과
멀리 보이는 바다와 멀리 가물거리는 섬들!
제주인들이 살아온 역사가 더 제주다움을 알려 준다

한라산을 중심으로 해안을 둘러친 마을들
제주인들이 아끼고 보존해야 할 이 땅이
스스로 파괴되어 가는 것을 보면서
정말 실망이 클 수밖에 없다

품격 있게 보존하기보다는
당장 눈앞의 이익만을 생각하는
건설업자나 행정가들에게 백년대계의 제주를 지켜달라고
아우성쳐보지만 안 들리는지 대답이 없다

제주의 숲 곶자왈은 제주의 허파가 되어 숨을 쉬고 있다
열대 북방 한계 식물과 한대 남방계 식물이 공존하는
자연의 신비로움이 살아 숨 쉬고 있는
한라산은 아름답다.

바다에서 보낸 인생

바다에서 물결이 다가왔다 사라지며
순식간에 나타났다 사라져 가는
시간의 흐름을 물끄러미 쳐다본다

저 바다를 노 저으며 살아온 인생
가슴으로 스며드는 신음 같은 파도 소리
그러나 바다를 원망해 본 적은 없다

갈매기가 되어 가고픈 내 고향 산천
밀려왔다 밀려가는 파도 속 그리움들
바다의 일렁이는 설레임으로 만난다

바다가 삼켜버린 젊음도 파도에 지워지고
등대를 찾고 나면 갈매기의 체온을 느끼며
황혼 속으로 나의 일상도 사라진다.

코로나19 2

 거리가 숨을 죽이고 눈치를 보고 오만과 탐욕으로 비틀어진 사회 너무나 많은 말을 하는 자에게 KF94 마스크가 코와 입을 가리고 침묵하는 소같이 살라는 경고이다
 식당엔 단골손님 발길이 끊기고 유령의 도시처럼 변해가고 떠들썩하던 오일시장도 발길이 끊기고 상인들이 침묵의 회색빛으로 웅크려 앉아 멍청하게 먼 산만 응시하고 있다
 손과 입의 죄를 다스리기 위해 그동안 많은 죄 지었으니 집에서 자숙하라는 신의 형벌일까?
 소처럼 말하지 말고 열심히 일을 하노라면 신축년을 맞이하여 세상의 잠식된 무거운 일상 속에서 하루하루를 빠듯하게 보내고 있고 환자의 가족들은 고통 속에서 하루를 보내고 있다가 얼굴도 못 보고 가족과 사별하는 외롭고 고통스런 일이 일어나고 있다.

무소유

처음 올 때부터 없었습니다
내 몸부터 내 것이 아니고 부모님께 빌려
잠시 돌보는 것일 뿐 내가 소유하는
모든 것들은 잠시 빌려 쓰고 있지
내 것은 없고 잠시 보관하고 있을 뿐입니다

처음부터 없는 것을
내 것이라는 착각 속에 있는 줄 알고 살아온 삶을
이제 내려놓고 원래의 상태로 가면 될 것을
채워도 채워지지 않고 비워도 비워지지 않는
붙잡을 수도 가둘 수도 없는
형체도 부피도 없는 것을 붙잡고 있는 무한의 마음이여!

이제 다 내려놓고 가벼운 마음으로
빈손으로 이별을 기다리며 보내자.

자비란

많은 사람 중 똑같은 사람은 없고
다르다는 것은 경이로운 것이며
어떻게 인간을 다르게 만들었을까?

다르다는 것을 알지 못하면 혐오하게 되고
다르다는 것을 아는 자는 사랑과 자비를
베풀 줄 아는 자다

내가 아끼는 것은 다른 사람에게도 아까운 것이며
이 세상 사람들을 나와 똑같이 사랑하고
존경하는 데서 서로 화합하고 즐거울 수 있다

나보다 앞서 남의 고통을 덜어주고 도와주는
행복을 베풀며 나보다 먼저
지극한 정성을 다해 생각해 주는 것이 자비이다.

감귤나무

오일장에서 사다 심은 감귤나무가 자라지 못하고
심을 때와 큰 차이가 없어 토양이 맞지 않은가 싶어
생사의 갈림길에서 결정할 때가 왔다

이리 생각하며 음지에 심어서 그런가 하고
양지로 옮겨 심었는데 싹이 나고
몇 개의 꽃이 잎사귀 사이로 피어
제 곳에 심었다 싶었다

어느 날 비가 계속 내리다 그치더니
이제는 폭염이 계속되어 나무가 축 늘어져
이파리가 말라 죽어가고
뿌리가 겨우 자기 몸을 지탱하고 있는 것 같다

그만 살려나보다 뽑아 버리려는데
사 온 사람이 살아날지도 모른다는
막연함에 기대를 거절할 수도 없어
기적처럼 살아난다면 얼마나 축복일까만?

코로나와의 사투

밀폐된 곳 갑옷 같은 방호복을 입고 숨이
막히는 생사의 전쟁터에서 살려내야 한다는
사명감으로 초조한 눈빛들이 있어 세상은
외롭지가 않습니다

내가 쓰러지는 날까지 멈추지 않으리
밤에 눈을 붙이지 못하고 깊어가는 밤을 지키다가
끝내 숨을 거두는 환자를 보면서
천사들은 지치고 버티기가 힘들어합니다

도시가 멈추고
퇴근길에 거리로 나오던 넉넉함이 사라진 거리
네온사인들이 하나둘 꺼져가는 어둠이
공허 속에서 축 처진 어깨만
깊은 시름에 부서져 내립니다

이웃과 친구들 주고받던 한잔 술이 2년째
식어버린 가슴을 꽁꽁 얼게 만들고
아끼던 사람들과 정을 나누며 동짓달 긴 밤을
하얗게 지새울 밤은 언제쯤 올까요?

생과 사

 이 몸이 구성하는 것도 지수화풍 네 가지 원소가 화합하여 이루어진 것이다
 이 몸은 병을 받게 되는 근본이요 마음은 병으로 아픔을 느끼는 주인이요 우리 몸의 병은 사대(지수화풍)가 조화를 잃은 데서 생긴다

 이 몸은 그림자와 같고 메아리와 같고 뜬구름과 같고 번개와 같고 꿈과 같다. 안에는 사지와 액체가 있고 밖에는 흙과 나무와 물이 있다

 흔들리는 마음은 많이 구하려는 데서 생기고 근심과 걱정은 부족한 데서 생긴다
 죽음이란 아주 없어지는 것이 아니고 있었던 인연이 끝난 것이요. 다음 새로운 조건이 구성되면 새로움으로 태어나 한없이 이어짐을 말한다.

보리심菩提心

번뇌가 번뇌인 줄 알면 그것이 보리이고
번뇌인 줄 아는 것은 자기 망상임을 깨닫는 것
꿈에서 깨는 것과 같습니다

꿈을 깨면 그것이 헛것이고
집착할 바가 못 되는 줄 저절로 알게 되며
그러면 번뇌는
더 이상 나를 괴롭히지 못하는 것이 보리입니다

우리들은 어리석음을 당하기도 하지만
누구를 원망하지 않고 마음속에서 삭여가는
번뇌가 잠든 고요한 바다를 보리라고 합니다

공空

나라는 존재 역시 고정된 실체 없이
그때그때 인연에 따라 상황에 맞는 역할을 할 뿐
인연에 의해 생기고 인연이 멸하면 소멸된다
우리가 태어나면서 입는 옷은 단 한 벌이다
그런데 조금 해어졌을 때는 짜깁기를 잘하여
새 옷처럼 입을 수가 있고 적당히 닳아졌을 때는
다른 천을 대고 기워 입을 수도 있다
그러나 너무 해져 수선이 어렵게 됐을 때는
당연히 새 옷으로 갈아입어야 한다

죽음의 소식 다가옴을 느끼게 되면
새 옷에 대한 준비를 서서히 할 줄 알아야 한다
내가 바라는 옷을 입기 위해서는 평소에 선행을 하고
분별심을 놓고 어떤 옷을 입겠다는 원을 세워
열심히 노력해야 한다
올 때 빈 몸으로 왔는데 갈 때도 빈 몸이다
이 공의 이치를 안다면 서로 돕고 보시를 하며
사는 것이 우리 삶의 이치인 것이다
뭘 움켜쥐고 놓지 못해 하는가?

제3부 인연 업보

나 자신이 거짓 나인 것을 깨닫는 일
언젠가 사라져 없어질 나를 버리고
인연 업보에 의해 윤회하며 없어지지 않는
나를 찾는 일을 생각해 보자

인연 업보

이 자리는 언제나 업보의 순간이면서
새로운 인因을 심는 자리며
이 자리는 또 다른 연緣이 되기도 하고
업業을 맺는 순간이기도 하다

나에게 다가오는 모든 것들이
인연 업과로 말미암아 내가 참고, 만들고
내가 짓고 내가 받는 것일 뿐
신이 만들어 낸 것도 우연히 이루어진 것도 아니다

존재의 법칙은 원인이 있어 환경을 만들고
행위가 있게 되고
결과의 열매에 의해서 모든 것이 결정 되어지는 것이다

나 자신이 거짓 나인 것을 깨닫는 일
언젠가 사라져 없어질 나를 버리고
인연 업보에 의해 윤회하며 없어지지 않는
나를 찾는 일을 생각해 보자.

꽃비 내리던 날

활짝 핀 벚꽃이 도로 양쪽을 덮고
천상 세계를 가는 듯 황홀한데
갑자기 돌개바람이 불기 시작한다

갑자기 비가 쏟아지고
차창에 부딪치는 꽃잎이 한겨울 눈보라 치듯
시야를 막는다

황홀경에 빠져 생각 없이 꽃비에 취해
한참을 달리다가 목적지에 닿자
꽃잎이 가는 길에 비애를 느낀다

어느 날 천지개벽이 되어
우리도 저 꽃비처럼 사라진다면
기약도 없는 꿈 같은 생각에 잠긴다.

멍멍이 생각

항상 외로움을 느끼며 살다가 벗할 수 있는 강아지를 사달라고 졸랐더니 어머님은 귀여운 노란 복실 강아지 새끼 한 마리를 사 주셨다
 집에 올 때 반겨주는 것은 오직 강아지뿐이었고 그렇게 3년쯤 자라서 도구라는 이름도 지어주고 학교 갈 때를 제외하곤 항상 같이 친구로 생활하게 되었다

 어느 날 밭에 같이 갔다 오다가 자동차에 치여 바들바들 떨다가 눈을 감고 말았다. 어떻게 할 도리 없이 생이별을 하게 되었고 식구를 잃었다는 슬픔에 잠겨 밥도 먹지 못하고 고민을 하다가 장례라도 잘 지내주자고 생각하여 달이 훤히 떴던 날 시체를 가마니에 지고 가서 양지바르고 솔바람 부는 곳을 택해 유택을 마련해주고 명복을 빌며 애도를 표하고 돌아왔다

 개는 영리하기도 하고 업을 받는 윤회의 법칙에서는 동물 중에서 사람으로 태어나기 직전에 태어나는 것이 개라고 하였고 개는 사람과는 정이 많이 가는 동물이다. 착한 개는 다음 생에 사람으로 태어난다는 말을 믿어 본다.

깨달음이란

고정관념으로 만들어진 온갖 상을 깨트리면
제 딴에는 살려고 하는 짓이 죽는 길이 되는
어리석음이 행복해지려는 나름대로의 노력이
불행을 불러들이는 결과가 되기도 한다

여러 갈래의 냇물이 흘러 바다로 가면
한 가지 바닷물 맛이 되고
잡철이 용광로를 거치면 순철이 되듯
자신을 인식하는 것이 한정적이고 잘못됨을 안다면
이것을 깨달음이라 한다

욕망을 닦으면 마음이 넉넉해지고
성냄을 닦으면 자비를 배우고
어리석음을 닦으면 지혜로워진다
어둠이 물러가고
밝은 광명이 그 공간 자체가 빛이 되는 것
이것을 깨달음이라 한다.

내 마음속에

물결에 떠내려가다 보면 소용돌이에 휘말려 죽게 되므로 흐름을 거슬러 밖으로 나와야 한다. 세상의 흐름을 거스른다는 것은 쉽지가 않으므로 떠내려가지 않도록 구명의 밧줄을 단단히 움켜쥐어야 한다

우리는 경계에 부딪칠 때마다 나를 뒤돌아보며 지표 삼아 가슴 깊이 청정한 마음을 찾아 실천해 나가야 한다. 이 법은 깊은 산속 절에 있는 게 아니며 내가 몸담아 살아가는 현실 속에서 부딪치며 살아가는 깊은 마음속에 있다

다시 만날 수 없는 이별의 아픔은 슬프고 외롭지만 이만큼 살아온 세월은 얼마나 감사한지 모른다
한도 끝도 없는 욕망 때문에 헛된 생각을 자꾸 비우고 비워 나가면 더 이상 비울 수 없는 자리 그 자리에 오롯이 남은 내 안의 참된 진리가 있게 된다.

갈매기가 가는 곳

새들은 저 하늘 빈 곳을 날고 있고
어디까지 갈 수 있는지 모른 채 하늘을 향해 무조건 날아보는 거다
국경을 넘어도 누가 간섭하지 않는 새들은 내일을 생각하지 않는다

절벽을 쪼아 끝없이 겨울을 여는 갈매기의 하루는 아름답다, 희고 눈부신 비상 앞에서 절벽은 스스로 그의 자세를 허물고 있고 새는 어두운 하늘을 들이마시면서 바다 위를 날고 쉬지도 않고 험한 바다의 먼 길을 나는 까닭은 무엇일까?

갈매기도 나와 같은 아픔이 있을까 바다에 앉을 자리 없는 갈매기가 항해하는 선박의 마스터에 앉자 잠시 쉬고 메말라 가는 시공의 좁은 올가미 속에서 다시 솟구쳐 소중히 날개 펴는 명경을 보면 눈짓으로 고향 향해 울고 있는 자신을 보게 된다.

인연 따라 살다 보면

부모를 만나 자식이 되고
남편을 만나 아내가 되고
자식을 만나 어머니가 되는 것이며

버스를 타면 승객이 되고
물건을 사러 가면 손님이 되고
나라는 존재는 역할에 따라 나타날 뿐

누에가 제 입에서 나온 실로 고치를 만들고
그 속에 갇히듯 내가 일으킨 생각에
자신을 구속하기도 합니다

모든 것은 인연에 의해 생겨나고
인연이 다하면 소멸해 버리는 실체가 아닌
현상적인 작용에 의한 것입니다.

원래 하나인 것을

우주는 공간적으로 하나이며
시간적으로 하나이다

차별적인 모든 현상은
중생들의 업식으로 말미암아
그렇게 분별 되고 느껴질 뿐이다

우주가 하나이고 시공이 하나이면
너와 나의 분별이 없어져야 한다

다가오는 모든 고난이
나에게 주어지는 것임을 안다면
걸림이 없는 자유로운 삶이 열린다.

인연법

사람이 지은 인연의 과보는 피할 수 없다
내가 지은 것은 내가 받는다. 는 마음으로
기꺼이 주어진 과보를 맞이하자

재앙이 다가오면 그것은 그동안 진 빚을
내가 지은 인연의 결과로 받아들이며
갚는 좋은 기회로 삼아 다행이라 생각하자

남이 나를 욕할 때 그게 복임을 알고
남이 나를 칭찬할 때 재앙이 됨을 안다면
나를 미워하고 욕한다고 착한 마음을 낼 것이다

나에게 일어나는 모든 일은
세세생생 켜켜이 쌓인 온갖 업장임을 알고
오늘 이 고통이 업장을 사라지게 하는 것이다.

내 것은 없다

내가 소유하고 있는 것들 세상의 만물은
본래 누구의 것이 아니며 다만 거기에 존재할 뿐이다
알지만 버리는 데는 많은 시간이 필요하고 지금까지 살아온 삶에 젖은 습기 때문에 몸에 밴 버릇을 뿌리 뽑지 못하기 때문에 마음만 불안하고 초조해진다

자기 생각에서 벗어나 무아의 이치를 터득하면
지금 숱한 망념 자기 생각에 사로잡혀 살아가고 있지는 않을 거다

오고 감이 없는 경지 취하고 버림이 없는 경지 이런 경지에 이르면 인연과 상관없이 하나로 고정되어
불변하는 성품은 존재하지 않는다.

물과 같이 삽시다

　물은 언제 어느 때라도 담기는 그릇에 따라 모양이 달라진다
　우리 세상살이도 그처럼 조건과 시간과 공간에 맞게
인연을 만들 때 거기에 진정한 자유가 있다

　목이 마른 자에게 물을 주고 배고픈 이에게 밥을 주고
몸이 아픈 자에게 약을 주고 중생의 요구에 수순할 때
걸림이 없는 자유에 이르게 된다

　미혹을 깨치고 지혜의 눈을 떠야 이 세상의 모습을 존재하는 그대로 볼 수 있게 된다
　무지에서 깨어나 이 괴로움이 환상이라는 것을 깨치면 세상 무엇도 나를 괴롭히지 못한다

　끝없이 펼쳐진 망망대해가 지대한 하나의 바다인 것 같아도 순간순간 일어나고 사라지는 크고 작은 파도가 무수히 존재한다.

오늘만 생각하며

한눈팔 틈 없는 시간은 미래도 과거도
아닌 바로 오늘 이 시간 최선을 다하면
현재가 쌓여 미래가 되는 이치를 깨닫게 된다

과거의 마음을 찾으려 하나 찾을 수 없고
현재의 마음도 구하려고 하나 구할 수 없고
미래의 마음 또한 얻을 수 없다

미래는 아직 실현되지 않은 시간이며
아무 일도 일어나지 않은 지금 미래를 가지고
근심 걱정하며 두려워하지 마시라

이 시간은 아무렇지도 않게 평소대로 흘러가고
생성과 소멸 탄생과 죽음이라는 순환의 이치로
오늘만 생각하며 최선을 다하면 되는 것이다.

나를 벗어나야

바라는 대로 되는 것이나 바라는 대로 되지 않는 것도 내 인생이다
나의 모든 시간이 소중한 내 인생의 일부임을 알고 순간 순간 기쁨을 누리며 사는 지혜가 나를 자유롭고 행복하게 만든다

우리는 있는 그대로의 세상을 보지 못하고 끊임없이 일어나는 마음속의 시비 분별로 깨끗함과 더러움, 추함과 아름다움, 좋고 싫음, 옳고 그름, 신성함과 천함으로 헤아릴 수 없을 만큼 어지러운 차별 상으로 세상을 본다

내 마음속에 있는 어리석은 관념의 두꺼운 벽이 무너지면 그대로의 모습으로 여여하게 다가온다
정말로 괴로움에서 벗어나고 싶다면 자기가 꽉 움켜쥐고 있는 자기 생각만 내려놓으면 된다.

삶과 죽음

삶과 죽음이란
지었다가 피어나는 꽃과 같은 것
죽어야 태어나는 것임을

죽지 않으려고 발버둥 치는 본능
헤어져야 하는 이별의 아픔 때문이겠지

바람은 허공에 흔적을 남기지 않으며
문이 없는 하늘을 마음껏 드나드는
자유로움의 이치를 그대는 아는가

항상 변하지 않고 고요해지려는
인간에게 바람은 깨어나라고
깨워주고 가는 것이다.

무아無我

태어날 때 아는 게 없고
엄마 아빠다 하고 알게 되며
밖에서부터 알게 되는 것이고
밖에서 온 것이 주인 노릇을 한다

무아란 나를 잊는 일이며
나라는 관념이 마음속에 없는 것이며
남을 위하는 일이라면
자기를 돌보지 않고 발 벗고 나서는 것이다

내 마음이 주인으로 살지 못하고 노예로 살며
실체가 있는 것처럼 보이지만 잡을 수 없는 것에
많은 마음을 빼앗기며 살고 있는 것이다?

팔만사천 번뇌

구름이 몰려온다고 하여
하늘이 어디로 사라진 것도 아니고
구름만 오락가락한 것이다

화가 나면 화난 대로 슬플 때는 슬픈 대로
거기에 빠져들지 말고 마음의 움직임을
가만히 지켜보는 것이다

중생들의 마음속에 시시각각 일어나는
탐, 진, 치로 인하여 생기는 번뇌, 망상이
얼마나 많기에 팔만사천 번뇌라 할까?

나는 누구일까?

나는 누구이며 이 생각은 나인가?
누군지도 모르면서 이리저리 끌고 다니며
진짜인 듯 연기를 해내고 있는
나는 과연 누구인가?

이 자리는 내가 있어야 할 곳인가?
어디서 와서 어디로 가고 있는가?
그토록 찾아다녔지만 결국 찾아보니
언제나 그 자리에 있었을 뿐이다

있는 것처럼 보일 뿐 있는 것은 아무것도 없고
일어나는 것처럼 보일 뿐 일어나는 것은
꿈처럼 환영처럼 그렇게 보일 뿐이다
나는 누구일까? 한 조각 뜬구름인 걸….

생각이 만들어 내는 것

 삶이란 얼마나 많이 소유했느냐가 아니라
 순간순간 어떻게 존재하고 있느냐로 결정되며
 적게 소유하고도 풍요로울 수 있고
 많이 소유하고도 부족할 수가 있다

 내면에서 올라오는 생각 욕구 바람은 그대로 허용하되
 끌려가면 안 되며 받아들이고 지켜보며
 두려워 말고 허용해 보면 그래 잘 왔어 있을 만큼 충분히 있다가 가고 싶을 때 가렴

 생각이 만들어 낸 고통에 속지 말고 가짜란 생각이 왔다가 가도록 흘려보낼 수만 있다면
 정신없이 분주히 흘러가는 삶과 세상을 먼발치에서 휴식하듯 가볍게 바라보는 시간이 필요하다.

제4부 어디로 가는가?

비를 맞고 눈길을 걷다가 미끄러 자빠지고
걷다 보면 이 길을 숙명으로 받아들이며
가야 하는 길은 어디로 향하는 길일까?

겨울 파도

제주도 애월읍 하귀 해안도로를 따라가다 보면
구엄리 해안 서쪽으로 서치강굴이라는 바닷가에
동굴이 있어 하늬바람이 세지면
동굴에서 파도가 일어나는 명소가 있다

사자가 먹이를 찾아 덤벼드는 소리와
무섭게 달려드는 하얀 파도가 부서져 내리며
미친 여자의 비명 소리처럼 울부짖는
하얀 이빨을 드러내고 달려드는 파도가 있다

오랜 인고의 힘으로 지탱해 온 바위를 사정없이 때리며
부서지고 거품을 내며 흩어지는 하늬바람의 날갯짓이여!
얼마나 아프고 괴로울까만
내일이면 파도가 사라지고 해조음도 나를 떠나리라.

비석

시공을 초월한 비석 하나
누구의 조상이 후손을 위해 남긴 표석이
이제는 주인을 잃은 듯 외롭게 보인다
비바람 눈보라에 씻기고 바래어
글자마저 읽기 어려운데 어느 후손이 이 비의 주인일까

너무나 바쁘게 돌아가는 시류에 현재의 평화로운
저 비석의 주인은 상상하지도 못하는 세월에 갇혀
후손 위해 얼마나 정성을 쏟았을까
후손들이 자신의 뿌리를 찾으려면
저 비석을 고귀하게 관리할 텐데
가던 길 멈추어 비문에 눈길 보내며 생각해 본다.

바닷가에서

사는 길이 높고 가파르거든
바닷가 하얗게 부서지는 파도를 보라
사는 길이 어둡고 막막하거든
바닷가 아득히 지는 일몰을 보라

어둠 속으로 어둠 속으로 고이는 빛이
마침내 밝히는 여명
스스로 자신을 포기하는 자가
얻는 충족이 거기에 있다

바다로 굴러가듯 문득 멈춰서서 우는
작은 자갈 소리 다치며 구르는 그 작은 울음 속으로
자갈들이 하나하나 남쪽 북쪽 하늘로 날아간다

출산의 핏덩이처럼 뜨겁게 출렁이는 바다에서
솟아 나는 불덩어리 여든 살 사내의 가슴에 고인
망망한 비애를 단숨에 불살라 버릴 나의 빛이여

마음의 자리

눈앞에 보이는 일들은 바람이 지나듯
일시적인 현상에 지나지 않는다
잘됐든 못됐든 좋은 일이든 나쁜 일이든
나타났다 사라지는 안개 같은 것들이다

언제나 영광과 은혜 축복으로 가득한
마음의 자리 어떠한 어려움과 어둠도
밝아지는 자리다

모든 것은 내 마음이 만들며 긍정도 부정도
마음이 만들어 내는 자리에는 부족함 없이
언제나 밝고 지혜로운 가능으로 가득 찬 자리
생멸도 없는 일체의 밝은 마음의 자리이다.

자연과의 협치

자연이 가르쳐 주는 가장 큰 진리는
한결같이 질서정연하고 부정하거나
부당하지 않고 중심을 잃지 않고
늘 하나의 법칙에 따른다는 것이다

어디에 거짓이 있으며 속임수가 있고
눈가림의 술책이 있을까?
봄이면 꽃 피고 여름이면 열매 맺고
가을이면 풍성한 결실을 가져다준다

햇빛은 온갖 식물들에게
생명의 에너지로 바꾸어 영양을 제공하고
새들은 그 열매를 먹고 씨를 배설하여
숲을 만들고 나무에게 영양을 공급한다

겨울에는 새로운 생명을 잉태하기 위해
깊은 잠을 자는 것이 자연의 흐름이며
우리는 관심을 가지고 생태계를 보존하고
자연과의 협치를 하며 살아가야 한다.

님 오신 길

님은 어디에서 상상하지 못한 모습으로
오시고 머무르다 가신다
님이 떠나신 후에야 오셨던 것을 알고
머무르신 것을 안다

나를 괴롭히고 견디지 못할 고통이
님이신 줄 왜 몰랐을까?
우아한 모습으로 내가 그리는 모습으로만
오는 줄 알고 있었다

눈을 뜨고 한 생각 돌이키면 님이 왔던 자리에
가득히 밀려오는 환희가 있다.

밝은 자리 찾아서

　우리는 진리 생명을 가지고 무한한 가능성으로 왔지만 스스로 유한에 갇힌 채 스스로 어둠 속을 찾아 헤맨다

　산더미 같은 어둠이 밀려와도 스스로 밝음을 찾아 나서고 눈앞에 보이는 일들은 모두가 지나가는 일시적인 현상이다

　잘됐든 못됐든 좋든 싫든 나타났다 사라지는
　안개 같은 것 언제나 맑고 밝고 가능으로 가득한
　생도 없고 멸도 없는 밝은 자리

　영광과 은혜로운 축복의 자리 마음의 그 자리를 찾아가면 어떠한 어려움도 없이 밝아지는 등불이 켜진
　어둠을 몰아내는 자리이다.

장엄한 축제

봄이 되면 온갖 만물이 소생하고
시작과 새로움 설레임과 화려함 속에
봄의 전령사 꽃이 피어나는 계절이다

여름은 녹음으로 생명의 극치를 뽐내며
정겨운 매미 소리가 숲에 울려 퍼지고
열대야와 태풍이 계절이기도 하다

가을은 생명의 결실을 함께 노래하고
억새와 갈대밭에서는 으악새 우는 소리와
단풍으로 이별을 연상시키는 계절이다

겨울 새하얀 설원의 풍경을 만끽하고
눈길에 낭만과 외로움과 고독함을 느끼는
생명들의 수줍어하는 계절이다.

내일은 어떤 날일까?

세월을 품고 가는 구름 떼 아래로
오색 단풍 진 산이 황홀히 다가오고
흔적 없이 사라지는 시간 속으로
저물어가는 노을에 오늘을 묻힌다

과거는 얻을 수도 되돌릴 수도 없고
미래는 약속을 거절한 채 믿을 수 없고
오늘은 잡고 있는데도 어느새 놓치고
어느 것 하나 얻을 수 없는 게 삶인 것을

이렇게 많은 것들이 사라지고 나면
정성을 다해 설레는 마음으로
꿈을 간직하고 초대도 없이 맞이하는
내일은 어떤 날일까.

가을의 색깔

가을 바스락 밟히는 낙엽 속에
지나온 세월의 흔적들이 쌓여
잎이 지는 소리로 오는 것 같다

저 산모퉁이에서 곱게 익어가는
낙엽의 사연들은 제각기 다르겠지만
왠지 낙엽 진 길에서 고독을 씹는다

어느새 다들 떠나버린 들판에
낭만의 추억은 이별만 남긴 채
황혼길에서 정처 없이 헤매고 있다

아직도 내가 누구인지도 모르고
이 가을에 내 인생의 마지막 잎새는
어떤 색깔로 떠나려는가?

한심한 세상

그리도 기다려지던 비가 가뭄으로 타들어 가는
어느 6월 하순 물 폭탄을 맞고 퍼붓는 장맛비에
산기슭이 무너져 내려 덮치고 강둑조차 무너져
홍수가 발생했으니 이 일을 어찌하랴

산사태로 잠자던 일가족이 참변을 당하고 멀쩡하던 지하
도로에 차량이 물에 잠겨 수십 명이 희생을 당하는 어처구
니없는 인재 누구 하나 내 잘못이었다고 나서지 않는 한심
한 일이 벌어지고 있네

희생당한 유가족들이 한이라도 풀어주기 위해 진실을 사
실대로 조사하고 책임을 묻고 그에 상응하는 처벌을 받
아야 하지 않겠는가? 아무도 책임을 지지 않는다면 누가
정부를 위해 충성을 하고 애국을 하겠는가?

꽃으로 피어나리

꿈과 같고 물거품 같고 그림자 같고 이슬 같고
번개 같은 생을 움켜쥐고 지나온 세월에 손을 펴고
내려놓으면 가슴 한구석도 비어 간다

저녁이면 곱게 물들이는 노을 속으로 나를 감추고
하루의 종말을 생각하며 초라하게 늙어가는 것에서
젊음의 흔적들이 꽃길 되어 나를 위로해 준다

닳아 없어져도 향기로 남아 내 욕심도 비우고
나를 다듬으며 외롭지 않게 잔잔한 매력을 느끼며
언제든지 꽃으로 피어나고 싶다.

긍정의 자리

인생의 설계자이며 운명의 주인
나라는 것은 대체 누구인가?
나를 움직이는 이 마음은 무엇인가?
이 마음 안에 우주의 근원은 무엇인가?

의심하지 말고 믿고 의지할 수 있는
그 자리 내 평생 용솟음치는 그곳
내 마음 무너지지 않는 긍정의 자리
죽음다운 죽음을 맞이하기 위한 삶

아무리 두렵고 괴로운 일들이라도
삶의 이쪽과 죽음은 삶의 저쪽일 뿐
내 자신답게 살면서 저녁노을을 붙잡고
이별의 장면을 장엄하게 물들이고 싶다.

운명이라면

나뭇잎이 바람을 만나 춤을 추고
바닷가에서 풍파에 시달리며
기쁨과 슬픔을 간직하던 지난날들이

높은 곳을 찾지 않고 비우면서
낮아지려는 하루에 감사를 느끼면서
스스로 성큼성큼 걸어온 길이 생각난다

햇살과 그늘의 은혜를 생각하며
꽃이 피고 열매가 맺는 자연의 섭리를
터득하며 운명의 틀을 벗어날 수 있었다

다 내가 만들어 쓰는 것 같지만
슬픔도 괴로움도 견디며 살게 된 운명을
인생의 끝자락에서 알게 됩니다.

태어남과 소멸

죽지 않으려고 발버둥 치는 본능
그동안 만났다 헤어져야 하는 이별과
기억 속에서 잊히는 슬픔 때문이겠지

주위에는 많은 것들이 사라져 가고
동시에 나타나는 작은 여유를 가지고
지나온 길을 멈추고 명상에 잠겨 본다

나이테에 하나씩 새겨놓은 침묵 속에
세상에 변하지 않는 것은 없다는 것과
소멸되어야 태어난다는 법칙이 있다

　　인간의 고통 역시 더러움에 물들지 말고
진흙 속에서 피어나는 연꽃처럼 살라고
바람은 우리를 깨워주는 것이다.

어디로 가는가?

이제 겨우 30개월이 곧 지난
손자의 손을 잡고 비틀비틀 인생길을
할아버지는 손자가 이끄는 대로 끌려간다

이 아가가 가는 길이 행복한 길이길 바라며
오고 가는 계절처럼 그 길에서 돌고 돌아
바람 따라 강물 따라 가보자꾸나

비를 맞고 눈길을 걷다가 미끄러 자빠지고
걷다 보면 이 길을 숙명으로 받아들이며
가야 하는 길은 어디로 향하는 길일까?

가을은 고독한 계절

낙엽을 밟으며 가을 길을 걷노라면
아름다운 낙엽을 보면서 책갈피 속에 간직했다가
편지에 넣어 사랑하는 그에게 보냈던
유년의 추억들을 기억해 낸다

어느새 다 떠나버린 황량한 들판에
지는 낙엽을 따라 추억은 이별의 괴로움만 더해가고
황혼길에서 아름다운 낙엽 한 잎이 되어
정처 없이 헤매고 있다

이 가을을 맞는 내 생의 낙엽은
어떤 색깔로 버려질 것인가?
얼룩덜룩한 색깔이고 싶다
하지만 아직도 내가 누구인지 모르고 살고
낙엽 지는 가을은 고독한 이별의 계절이다.

기도 祈禱

오직 간절한 염원만을 기원하는
어둠 속에서 새벽 별처럼 빛나는 기도
나를 태우고 한 줌의 재도 남지 않는 기도

나라는 흔적을 남기지 말고 온몸과 마음이 하나가 되어
시커멓게 재가되더라도
세상이 열리고 우주의 감응이 일어나는 기도

기도는 생명을 걸고 여한이 없이
끊임 없이 나의 깊은 정성을 다하여
언제 어느 곳에서나 살아 있어야 한다

원을 세우고 그 마음을 바쳐라
서원의 힘으로 어둠을 뚫고 헤쳐나가라
오로지 감사에 몰두하는 감사를 외쳐라.

선각자이신 어머니

　어머니는 일찍 아버지와 사별을 하고
　우리 삼 남매를 위해 온갖 어려움을 다 겪으며
　가지고 싶은 부도 내려놓고 자식들에게 교육만이 미래의 등불임을 아셨던 선각자였으며 세월이 흘러 성장하면서 어머니의 생각이 옳았음을 알았으며 효도하고 싶었지만 있어 주질 않았습니다

　찾아오시는 제삿날만이라도 정성을 다하여 맞이하고 싶습니다만 그날마저 어머니는 오래 기다려 주지도 않으시고 자식들 손자들이 무탈함을 보시고는 이내 떠나십니다
　어머님의 흔적으로 남긴 효부상 하나 어머니의 영정을 보면서 후손들에게 어머니의 살아온 삶과 음덕을 전할 뿐입니다.

할아버지의 일생

아버지란 책무를 다 마치고 곁을 떠나보낸
쓸쓸한 자리에 쉴 새 없이 찾아 드는 노병을 벗 삼아
하루하루를 보내노라면 계절은 소리 없이 찾아와
지나온 계절을 생각나게 한다

내 인생이 작은 울타리 안에서 기다려지는 희망
손주 놈 손 잡고 아장아장 재롱떠는 녀석이
환영을 위로 삼고 하루해가 넘어가는 줄도 모른 채
손주 놈의 친구가 되어 곁을 지켜주곤 한다

기다림에 지쳐서 하루의 길 끝에서 막걸리잔을 비우며
내 인생을 위로해 보지만 돌이킬 수 없는
이제는 닳아버린 세월의 귀퉁이만 안쓰러이 바라보며
한 송이 낙엽 되어 사라지는 날을 기다린다.

부부라는 이름

부부는 약속입니다
부부는 한평생 아름다운 동행이 되겠다는 약속이며
이 약속만큼은 검은 머리가 파뿌리 될 때까지 지켜야 할 언약입니다
한 사람만 잘한다고 화목한 가정을 이룰 수 없으며, 함께 노력하고 나보다 상대를 더 생각하고 이해하고 배려하는 진심 어린 애정이 있을 때 비로소 화목한 가정을 이룰 수 있습니다

부부란 사랑입니다
진실한 마음 따뜻한 마음으로 서로 보듬어 주고 아껴주는 것. 항상 잘해 주지 못해서 안타까워하는 마음
쓰면 뱉고 달면 삼키는 것이 인생사라면 쓰든 달든
삼키는 것이 부부입니다. 서로가 부족한 것을 채워 주고 어려운 일일수록 위로와 용기로 이끌어 주는 사람이 반려자인 부부입니다

부부란 믿음입니다
세상 사람들이 다 믿어주지 않아도 나를 믿어주는
한 사람이 있다는 것 얼마나 행복한 일입니까?
사랑이 아무리 깊다 해도 서로 간의 끈끈한 믿음 하나

로 내 곁에 그 누군가가 나를 지켜주고 있다는 사실 그것은 삶의 용기가 되고 힘이 되고 삶의 등불이 되어 바위처럼 변함없는 믿음으로 아끼고 사랑하며 그 하나의 행복을 향하여 한 걸음 한 걸음 걸어가는 것이 부부입니다.

제5부 영원한 이별

사라져 갔고 영혼은 훨훨 새처럼 하늘을 날아

구름 사이로 사라져 가는 것을 봅니다

영원한 이별

 병문안을 가서 죽음은 영원한 이별이 아니라 새 옷을 갈아입는 제식이 아니겠느냐?고 위로를 해보았지만
 친구는 아무 말이 없었고 한 달 후 한 줌이 재가 되어
 사라져 갔고 영혼은 훨훨 새처럼 하늘을 날아
 구름 사이로 사라져 가는 것을 봅니다
 잘 가라고 이별의 손 흔드는 아쉬움이 내 마음을 적시며 꿈과 사랑이 사라져 간 황량한 텅 빈 들판에는 이별의 괴로운 추억의 조각들만 바람에 날려 정처 없이 흩어져 갑니다

 산 자의 눈망울에 너의 무덤 하나를 남기고 떠나가는 친구여! 영원한 이별 앞에 내 뜨거운 눈물이 너를 사랑했고 충분히 사랑받았다는 사실과 그동안 친구로 살아준 고마움에 무한한 감사를 드린다
 삶의 이치를 누구보다 일찍 터득하여 비움을 실천하였고 있는 그대로의 삶에 만족해하던 친구야! 영원히 같이할 수 없음을 알았지만 너의 침묵 속에 모든 게 이제 묻히게 되는구나. 잘 가게나! 더 좋은 곳을 향해 가거라, 친구야! 명복을 빈다.

열반의 빛이란

근본을 알고 근본으로 돌아가는 형상에
얽매이지 않고 뜬구름 같은 망상을
좇지 않고 집착을 버려야 한다

미워하고 슬프고 외로운 마음으로
본래의 깨달은 눈으로 보면
"다 꿈같은 것이구나"로 보게 된다

이것이 사실이며 현실이라 하던 것이
실은 허망한 것이고 아지랑이 같은 것이고
헛된 것이라는 실상을 보는 것이다

유혹으로부터 마음과 집착을 비우면
눈을 감고 삶의 공간을 침묵으로
인고의 고통이 빚어낸 진주처럼 영롱한 빛이다.

산책

나른한 봄날 꽃과 나무 산과 숲을 따라
새소리 물소리 바람 소리를 들으며
함께 어울려 사는 자연의 이치를 생각한다

나무 의자에 쉬어 땀을 식히고 있는데
잔뜩 웅크린 고양이 한 마리가 경계하더니
한가로이 모이를 줍는 비둘기를
순식간에 낚아채고 지하수 관으로 사라진다

비둘기 깃털이 어지러이 흩어져 날고
한 생명이 내 눈 안에서 사라지는 걸 보면서
무심하게 앉은 새들의 발자국 소리에
밀려오는 삶의 종말을 생각하게 된다.

4.3의 회상

추운 겨울 어느 날 깊어가는 밤
마을이 온통 왁자지껄 폭도다, 외치며
지나가는 소리에 생명들이 죽은 듯 고요하다

그 파란만장한 세월 이제 전설 같은 비밀로
왜 숨어야 하고 왜 죽이려 했는지 모른 채
하나둘씩 전해 내려오고 있지만 아직도 모른다

살겠다는 본능만으로 제발 살려달라고 애원하다
죽창에 찔려 죽어야 했던 그 혼령들
중천을 떠돌다 어찌 제 갈 길을 못 찾아
제주의 들판에 4월의 꽃으로 피고 있으리라

 하늘 한쪽을 지나던 구름이 뭘 생각했는지 잠시 머뭇거리다 시간이란 시체로 쌓이면 돌처럼 굳어버린 가슴에는 말 못 할 사연만 응어리로 남아 그날을 잊지 못해 기억하고 있다.

나무의 일생

추운 겨울을 보내고 입춘을 맞아
푸른 잎이 돋아나면 산새들이 찾아와
즐거운 노래로 숲속의 긴 침묵을 깨운다

꽃이 진자리에 열매가 맺듯이
땅속에 박혀 있는 뿌리가 물과 힘을 받아
튼튼하게 땅속 깊이서 견디어 왔다

나무의 몸통으로 세월을 알 수 있겠지만
흔들리며 살아온 영혼의 고통을 모르고서
어떻게 그의 일생을 얘기할 수 있을까?

어쩌다 강풍이 몰아쳐 올 때에는
가지에 생명의 순을 보호하기 위해
온몸으로 견뎌내는 울음소리를 듣는다.

파도는 흔적을 지우고

은빛처럼 빛나는 모래사장에 밀려오는 물결로
부드럽고 단조로운 곡조로
파도는 이야기를 들려준다

잠을 깨고 밀려왔다 밀려나는 조수는
모래 발자국을 지우며
나의 마음은 바다의 비밀을 갈망한다

미지의 세계에서 고독의 파도가 영혼처럼 밀려오고
인간의 힘으로 감당할 수 없는 예지가
신의 뜻이 된다.

황천에서

뱃전에 부딪쳐 공중으로 비산하는
파도 위 갈매기들은 리듬에 맞춰
하늘을 거꾸로 날고 있다

성난 파도는 뒤틀림 속을 토해내며
온몸으로 부딪치며 절규하다 끊임없이
속을 다 비워내며 삼킬 듯이 으르렁거린다

아무도 가보지 못한 미지의 세계를 향해
선인들이 길을 따라 반짝이는 별들의 안내를 받으며
노 저어 닿지 못한 곳으로 간다

신음하는 바다도 시간이 지나면 치유하며
고요해지리니 한숨처럼 뒤척이는 파도 소리에
이 순간 무덤 하나 짊어지고 황천을 헤매고 있다.

생명의 소리들

살아 있는 생명의 숨소리에 귀 기울여 보자
물속에선 물고기들의 속삭임 소리
어항 속의 금붕어가 전하는 말소리
가만가만 움직이는 고양이 발자국 소리
나비와 벌들이 꽃을 사랑하는 속삭임 소리
꽃이 아침이슬 먹고 피어나는 소리,
꽃이 비바람을 맞아지는 소리
나무가 깊은 잠 속에서 자다 깨는 소리
강둑에 서 있는 버드나무의 숨소리
강가에 비친 슬픈 달빛의 숨소리

이 세상에는 많은 생명의 숨소리를 내고 있지만
가을날 영글어가는 낙엽의 아픔을 모른 채
소리를 외면하고 인색하면서 무엇이든 받으려고만 하고
초라하게 늙어가는 자신만 아프다고 생각한다.

자연에서 배우는 법칙

꾸준하고 질서정연하고
부정하거나 부당하지 않고
중심을 잃지 않고 늘 하나의 모습을
갖추고 있습니다

속이거나 술책을 부리지 않고
은근슬쩍 반칙하는 일 없이
늘 하나의 마음과 하나의 모양과
하나의 방향을 유지하고 있습니다

어느 곳에 거짓이 있으랴
봄이 오면 꽃피고 여름이면 성장하고
가을이면 결실을 맺어 떠나고
겨울은 봄을 향해 깊은 잠을 잡니다.

초록의 향기

이 초록의 들판에 푸르름을 찾아 나서면
욕망과 허물을 던지고 주어진 푸른 날들을 맞이합니다

햇살이 은혜로 비의 은혜로 밤이슬의 추억을 털어내고
푸르름의 행복을 찾아 나섭니다

푸른 잎새들 사이 바람이 지나고
낯선 시간 속으로 속삭이며 푸른 들판을 거침없이 달리는
한여름 오후의 햇살을 봅니다

곶자왈에도 푸른 나이 많은 이끼들이 아무렇지 않은 듯
거미줄을 쳐다보며
5월의 향긋한 푸른 초록의 향기를 풍깁니다.

빛과 어둠

바다에서 출산하는 빛 덩이가 희망이 되어
속으로 스며들어 밝게 비추어 주는데도
우린 고마움을 느끼지 못하고 있다

모든 것이 엉망이 된 어둠 속에서 분명
내일을 맞이하는 아침이 오고 어둠을 건너
다른 생으로 넘어갈 때 지난 발자국 소리 듣는다

환한 빛은 어둠을 잡아 삼키고 인생은 빛과
어둠 속을 헤매며 빛에서 어둠으로 숨기도 하고
한 줄기 빛을 찾아 나서기도 한다.

뒤돌아본 길

가던 길을 멈춰서 걸어온 길을 한참 뒤돌아보고
온갖 풍상의 흔적들 바람에 날리며
한참 생각에 잠겨 봅니다

새록새록 피어나는 아쉬움들 가슴 설레며
지나온 세월 속에 지나온 길이 잘못일지 모르지만
이 길을 한탄하지는 않습니다

그리운 인연을 뒤로 한 채 가는 길 끝이
보일락 말락한 시간 이제 황혼이 깃드는
서쪽 하늘의 허공 속으로 나를 묻힙니다.

빛과 그림자

어둠이 지퍼를 열면 여명의 빛에서
대지의 생명들이 깨고 기쁨을 출산한다

암흑의 비밀도 양파 껍질처럼 한겹 한겹 벗기다 보면
다른 얼굴의 우주가 보인다

새벽은 어둠에서 태어나고
어둠은 생사의 근원이 되어 빛을 내보낸다

그림자는 빛의 얼굴이며 빛에는 그림자가 같이 하고
생명의 근원이며 삶과 희망이 된다.

내 마음

한 생 깊은 고뇌를 느끼며 살다가
남을 생각하며 두렵게만 보고
비교하고 곁눈질하며 더듬거리다가
이제야 후회한들 다 지나가 버린 일

내 마음먹기에 더하고 덜한 것을
왜 아직까지 남의 눈치만 보다가
내 마음 찾지 못해 방황하던 자리에는
새가 남기고 간 발자국이 되었네

이제 나그네처럼 걸어온 여린 가슴속
사랑하는 인연들 낙엽처럼 다 떠나버린
이 빈 자리에 외로이 서서
차례와 시간을 기다린다.

꿩알

 보리밭 사잇길을 따라가다 보니 새의 둥지에
 꿩알이 열 개나 있었고 금지된 열매를 딴 죄인처럼 눈치채지 못하게 알을 가지고 나오는데 어디서 왔는지
 파드득하고 머리 위를 까투리가 날아올랐다

 정신이 바짝 들어 둥지로 알을 가져다 놓고
 조심조심 빠져나왔지만 저 알이 제주의 들판에
 슬픈 영혼의 넋이 되어 원한을 풀게할 새끼들을 해칠 뻔했다는 자책감을 생각하며 잘했다는 생각을 했다

 생명 있는 것들이 새끼를 사랑하고 아끼는 본능은
 인간과 다를 것이 없겠지만 특히나 까투리는 더한 것 같고 지금도 봄이 되어 보리밭을 지날 때면 장끼의 울음 속에는 유년의 꿩알들이 눈에 아른거린다.

큰 노꼬메 오름
- 큰 오름

  큰오름은 늘 우리 곁에 있어 땔감과 초가지붕을 덮는 띠를 제공해 주고 둥글고 부드러워서 다정한 이웃이었다
  유년의 어려움 속에서 부유했던 오름 그곳은 한도 많고 설움도 많았지만 여물게 자랄 수 있었던 은혜로움도 있었다
  혼자 뒹굴며 안으로 삭인 지난날 눈물 자국을 울창한 자작나무 숲으로 감추고 외로움을 버티며 서 있는
  말 없는 오름이다
  엉겅퀴꽃 가시는 어머님 자취가 되어 걸음마다
  가시 돋아 눈물지며 살았던 지난날 지금도 가슴 터져 고장 난 채 속에서 맴돌고 있다
  숲에 핀 들꽃들 햇빛에 방긋 미소 지으며 간밤서리에 떨었던 지난 과거를 지우고 환한 기쁨을 주는 경건함이 옷깃을 여미게 한다.

고향 생각

유년 가난의 고통 속에 설움 많은 고향에는
친구들이 살고 있다
고향을 떠나 오던 날 다시는 찾지 않으리라고
떠났던 고향이지만 나이가 쌓일수록 고향을 향해 한참을 머뭇거리며 유년의 잔상을 찾아 나선다
여기 와서야 내 젊은 시절이 있고 지금은 다 흩어져 살고 있지만 한식구들이 보이고 그리움을 찾아 필름처럼 스쳐지나는 기억을 더듬노라면 까닭 없이 눈시울이 붉어진다
저녁노을 지는 시간이면 초가삼간 굴뚝에서
하얀 연기가 안개처럼 시야를 덮는 고향 저녁 풍경
보이는 곳마다 유년의 아픔과 슬픔과 즐거움이 있다
내 삶의 여정에 진한 그리움들이 넉넉하게 채워져
참새의 가슴처럼 오그라드는 심장을 뛰게 한다.

나목

하나둘씩 떨어져 나간 자리
허물의 누더기를 벗어 던지고
알몸으로 하늘을 향해 서 있다

모든 것을 떠나 보낸 빈자리
벌거벗고 다가올 자유를 향해
겨울을 생각하며 상처를 꿰매고 있다

고통의 늪을 헤매던 날들 보내고
여유를 가지려고 준비를 하며
다시 맞을 풍성했던 때를 생각한다

떠나 보냄은 자연의 이치인 걸
빈 가지에 외로움을 모르랴만
만남을 위한 진통인 걸 어찌하랴

붉은오름

보이지도 않는 700여 년 기억조차 희미해진 항파두리
내성은 돌로 외성은 흙으로 쌓고
해안에는 돌로 쌓은 환해장성도 있다

5월의 찔레꽃만 그날을 기억하며 피어나지만
한많은 신명들 바람에 구천을 떠돌다 흩어지며
오랜 시간 토성 주위를 맴돌다 멈춘다

짙은 안개가 시간을 덮고 삶과 죽음의 경계를
초월하던 전쟁 몽골의 지배에서 벗어나려는 몸부림
　　　애국민의 전쟁터 그 이름 붉은오름이다

나라를 구하려는 김통정 장군과 민병들 패하고
최후의 비극을 이끈 오름엔
아직도 붉게 물든 피의 자국들
붉은 진달래꽃으로 피어 침묵을 깨운다.

길

길은 어디서나 존재하지만
길은 찾으려는 자에게만 나타나고
길은 찾지 않으면 보이지도 않는다

길에서 즐기는 삶이 있으면
길에서 방황하고 헤매는 삶도 있으며
길에서 찾아 만들어가는 도전도 있다

길을 찾는 이는 이정표를 보고
길을 가는 이는 어디인지 터득하지만
길을 걸어온 발자국은 보지 못한다

길은 누구도 같이 갈 수 없고
길에서 가다 폭풍우에 길 잃을 때는
길은 별이 안내하는 곳으로 가면 된다.

한 조각 구름인 걸

태고의 향기 어린 이곳
눈을 뜨면 마주하는 인연의 곳
생사의 진리에서 벗어날 수 없는 곳

세월이 잠깐 쉬는 시간에
헐린 상처 자국들 메워
조각난 삶에 파편들을 맞추어본다

잘 모르는 나의 빛깔을 생각하며
두렵던 일들 바람에 태워 보내고
이제 다 내려놓고 가벼이 날고 싶다

자연에 빚지고 살면서 아직껏
마음의 경작지에 씨앗 하나 심지 못하고
후회해 본들 한 조각 뜬구름인 걸

하늘로 여행

 어디든 밖으로 떠나고 싶어 비행기에 몸을 싣고 날고 있었다 색깔이 없는 흑백의 세상 텅 빈 가슴을 끌고 가는 깊고도 하얀 세상 아래로 펼쳐지는 평화로운 산과 바다와 계곡과 지평선들
 구차한 세상을 떠나 웅장한 도시들과 자연의 환상들
 지구를 떠나 도저히 눈을 뗄 수 없는 무욕의 하늘나라 여행이다
 일장춘몽이라 하던가. 하늘 향해 끝없이 솟구쳐 오르는
 저 신비의 여행길은 풍선처럼 부풀어 신비의 생성과 소멸 기점과 종점역이다
 그곳은 내가 본 하늘나라 내 영혼이 살던 고향이었지 하얀 구름 속에서 신에게 경배하는 경건한 마음으로 기도를 하며 아침 마감 시간이 지나면서 현실 속 내가 살던 지상의 고향을 찾아온다.

제6부 노을을 붙잡고

하루의 끝을 알리는 저녁노을에서
사라지는 추억과 이별의 시간을 떠올리며
쓸쓸함이 공존하는 이 순간! 오늘을 보내는
또 다른 시간이 다가오는 설레임이기도 하다

영등할망
− 제주 바다의 수호신

음력 2월 초하루 밀물 때 제주특별자치도
제주시 한림읍 귀덕리 복덕개 해안으로
영등할망 일행이 왕림하신다

일행은 제주 바다를 돌아다니며 다 뒤엎어 갈고
해산물의 종자들을 뿌리고 머무는 동안
요물은 먹고 껍질만 남긴다

어부들과 해녀들은 자기들 구해 주시는
수호신이 찾아오는 동안 일손을 멈추고
이 기간에는 일도 하지 않고 휴식기로 정한다

해녀와 어부들은 수산물의 풍요와
해상의 안전을 기원하며
영등할망을 전송하는 영등굿을 치르고
2월 보름이면 우도를 통해 떠나보낸다.

달맞이꽃

낮이면 색시처럼 방문 닫고 해가 지면 문을 열고
나와 그대 기다리는 꽃, 내 곁을 떠났지만 찾아올지 모
른다는 기다림으로 달빛에 묻혀 살고 있는 꽃

이 땅에서 낮이면 초롱에 모습 감추고 숨어 있다가
달빛 비치면 요정이 되어 그대 찾아 님 부르는 꽃
태양을 배반한 죄로 밤에만 나타나는 운명의 꽃

떠나버린 그 사람을 못 잊어 기다리다 죽어서 피어난
노란 영혼으로 제 몸치장하고 손짓하지만
그대는 돌아오지 않고 달빛만 쳐다보며
오늘도 울고 있는 꽃

오름 목장

그 옛날 마소들 뛰놀던 목장은
이제는 다 떠나버린 추억이지만
지금도 말발굽 소리와 음매 송아지 울음 소리는
들판을 지나 가까이로 들려온다

다시 복원될 수 없는 기억에서
점점 멀리 사라져 가는 오름목장
낡은 기억 속에 묻혀가지만
오름 허리에 비문도 없이
젖가슴처럼 둥그런 푸른 무덤 주인은
아직도 그대로
그곳을 지키고 있다

이제 등산객들만 찾는 오름이 되고
다 떠나고 없는 오랜 기억 속에 희미하게
잊혀 가는 테우리의 삶도 바람이 들판을 지나며
남은 추억마저 쓸고 지워져 간다.

2020년 코로나19

어느 날 박쥐 속 바이러스가 잠복 위장하고
중국 우한에서 인간의 몸속을 파고들었다
기침도 마음대로 못 하고
2m의 거리로 우리를 갈라놓았고
피할 수 없는 코로나19는 편서풍을 타고
지구의 곳곳까지 인류를 덮쳤다

이 바람은 내일을 날갯짓하려던
젊은 희망을 주저앉히고
단절시키는 버거운 삶을 가져다주었다

누구를 탓할 수 없는 울분을 삭이며
분홍꽃이 만발한 내 안의 봄이
길거리 솟구치는 생명의 가득 찬 행렬로 바뀌어
우리가 꿈꾸던 정상으로
희망의 봄이 다시 오기를 기다려 본다.

자연의 은혜

생명은 지수화풍이 질서를 유지시켜 주고
흙地에 씨앗을 뿌리면 뿌리가 나고
잎이 나고 무성하게 자란다
자연은 역할을 담당하여 바람은 서늘한 기운과
움직이는 힘을 주며
신선한 산소를 만들어 내어 생명을 유지하고
물水은 영양소를 공급하며 적당히 흘러 내리며
무성하게 자라도록 도와준다
불火은 열과 빛으로 올라가는 기상을 주며
토양을 키우며, 해는 빛과 열을 베풀어 준다
바람風은 깊고 넓어서 맑고 깨끗하여
온갖 더러움을 정화하여 조건 없이 베풀고 값진 자비로
인간들 삶을 돕는데 우리는 자연을 위해
무엇을 해야 하는지도 모르고 산다.

자연의 소리들

눈을 감고 앉아 마음의 문을 열고
소멸과 생성이 뜨거워지는 자연의 소리를 들어본다
아침 해가 하품하며 일어나는 소리
지나는 바람이 옷깃을 스치는 소리
담장을 오르는 담쟁이의 거친 숨소리
비밀을 감추고 꽃이 피어나는 소리
곤충의 허물을 벗는 소리
연꽃에 맺힌 이슬방울이 떨어지는 소리
깊은 밤에 골목을 누비는 발자국 소리
이 소리를 토해 내는 내 심장의 울림소리
까만 밤 나의 침실에 고요가 찾아오면
그 소리들 생각하며 명상에 잠겨
이제 소리 찾아 갈 곳을 생각해 본다.

노을을 붙잡고

해 지고 마지막 타는 저녁노을
황금색 노을 대기로 서서히 퍼지면
내일을 예언하는 예언자의 말놀이처럼
하루를 보내고 꿈나라로 가는 걸까?

기쁨 고통 가득 찬 붉은 노을이여!
대양의 등댓불이 반짝이기 시작하면
영원한 죽음과 기쁨이 황혼의 노을 속
미지의 세계 찾아가는 희망이 된다

하루의 끝을 알리는 저녁노을에서
사라지는 추억과 이별의 시간을 떠올리며
쓸쓸함이 공존하는 이 순간! 오늘을 보내는
또 다른 시간이 다가오는 설레임이기도 하다.

봄을 맞이하며

청송 향기 가득한 수목원 산책길
지나는 군중들 속에 바람이 인연으로
손잡고 가고 싶은 사람을 만나
이 길 그대와 같이 걷는 봄을 만난다

새와 꽃들이 봄을 맞는 축복이 있고
내 영혼도 정갈한 마음으로 채워지면
포근한 바람은 잡초를 하르르 웃기며
나른한 봄이 그림처럼 멀리서 다가온다

봄이 고요가 보일 듯 말 듯 찾아오는 곳에서
누군가 기다리고 있을 것만 같아
처음과 끝 사이의 시간 속을 헤아리며
우주의 무게만큼 기다림의 침묵은 흘러간다.

저녁 바람이 불 때

서쪽 하늘에서 검은 구름을 밀어내는 밤바람이 불어오면
시간을 멈춰서 달빛이 흔들림을 맞이한다

바람은 이곳을 지나 숲속의 나뭇잎을 흔들거리며
춤을 추고 있을 때
눈을 감고 긴 꿈속에서 깨어난다

숲속의 고요도 풀벌레들 연주가 시작되면
새의 날개 깃 소리가
퍼뜩하고 바람을 따라 스쳐 간다

모든 것이 바람에 조각나고 부서지고
원하는 것들이 이루지 못하는 시간에
바람은 아무 일도 없는 듯 지나간다.

선인의 뒤를 따라

해상왕 장보고는 지혜와 용맹으로
아시아의 바다를 지배하고 다스리며
외적을 물리치고 해양 강국으로 부흥시켰다

그의 피를 이어온 영웅의 후예들은
잃어버린 문명의 세월 지나며 약해졌지만
가슴 여미는 기백으로 거센 물결 헤쳐 나간다

비바람 파도 안개 다 제도하며 용맹하게
우리들의 이 어려움도 훗날 역사로 남기 위해
이기고 승리자가 되는 날까지 앞으로 나간다

이제는 해상왕 영웅이 후예로 갈고 닦아
바다를 지켜내고 그날의 해양 강국 만들어
오대양 육대주를 다스리며 승리에 닻을 내리자.

별에게 길을 묻고

수평선을 넘어가도 다다르지 못하는 수평선에서
희미하게 마스트가 보이고
물체가 가까이 점점 확실해지면
마젤란이 말한 지구가
둥글다는 이론을 증명하는 시간이다

여기는 태평양, 가도 가도 보이는 것은 없고
태양이 뜨고 지는 것으로 갈릴레오는
지구는 돌고 있다는 지동설을 밝히고
전체의 이론을 확립하여 이곳 위치를 알려주게 되었다

오랜 옛날부터 별과 태양을 보고
위치를 계산해 내는 천문학자들이 세월을 엮으며
천문항해학이란 학문으로 망망한 바다에서
해와 별에게 길을 묻는 큰 과업을 이루시었다.

다 되돌려 놓고

흙에서 와서 흙으로 가는 인생
한 조각 구름에 실려 이리저리 헤매며
이 우주에 얼마나 도움을 받고 살았을까?

이 몸도 나의 생명도 재물도
인연에 의해 빌려다 쓰고 있는 것을
오직 가지고 싶다는 욕망으로 차 있지만

아무리 애착을 가져보지만
시간이 되면 되돌려 놓고 가야 하는 순리
일장춘몽이 풀잎에 이슬같이 가야는 곳

시간은 소리 없이 점점 다가오는데
오늘을 가지고 있음에 고마워하다가
어둠 속 흙으로 사라지지만 봄은 오리니

꽃잎이 지던 날

전농로 마을에 활짝 피어있는 벚꽃들
이틀 만에 비 오고 강풍이 불어오더니
꽃비 내리고 꽃길 되어 날아간다

세월 속 자국처럼 검버섯이 돋아나고
몇 가닥 남은 머리카락 하얀 서리 내리면
마디마디 아픈 곳은 살아온 흔적인가 봐

긴 세월 동안 애환에 저미며
침묵으로 기다림의 인고로 버티어온 나무처럼
지금은 수평선 뒤로 노을만 바라보고 있다

저물어 가는 노을 풍경이 아름다움처럼
걸리지 않은 바람처럼 계곡과 들판을 지나
두근거리는 그리움 하나 남기고 떠날 이여!

노인의 길

나이를 먹고 늙는다는 것 받아들이지만
어쩌지 못하는 상실감으로 비애에 젖어
이제 비틀거리며 오늘을 보냅니다

꿈을 꾸며 하늘을 날고 바다를 건너
훨훨 날아다니던 삶의 치열함들
허무함으로 빈 술잔만 초라하게 느껴지는 지금입니다

생애 끝자락은 서쪽 하늘 노을처럼 물들고
무심히 서성거리노라면 지나던 바람이 아는 척
어깨를 툭 치고 따라오라고 손짓합니다

마지막 버스를 기다리는 정류장 빈 의자에 앉아
낙엽이 옷을 벗듯 새로운 생명을 탄생시키기 위해
새 옷을 준비하기 위함이라고 위로해 봅니다.

| 해설 |

무상의 길 위에서 피어나는 존재의 자각

손근호(시인·평론가)

　은암 강연익 시인의 시집 『노을을 붙잡고』는 무상과 충만, 소멸과 탄생, 비움과 긍정의 교차로에서 삶을 성찰하며 '존재란 무엇인가'라는 근본적 질문을 던지는 작품들로 가득하다. 이 여정은 공空을 이해하고, 인연과 업보 속에서 실존의 자아를 찾아가는 정신의 순례길과도 같다.

　이 시집에 드러난 시적 특징은 불교 사상과 선禪의 철학을 기반으로 한 시적 세계를 펼치고 있다는 점이다. 첫째, 소재는 일상과 자연, 존재와 죽음 등 실존적인 삶의 단면들로 구성되어 있다. 잎이 떨어지는 자리, 사라진 비석, 떠나는 영혼 등은 모두 구체적인 이미지지만, 이를 통해 인간 존재의 무상성과 순환성을 암시한다. 둘째, 표현 방식은 단정하고 절제된 언어로 내면의 깊은 울림을 전한다. 현학이나 수사를 지양하고, 수행자의 침묵 같은 문장으로 철학적 깊이를 더한다. 셋째, 주제를 형상화하는 방식은 추상적 사유를 구체적 장면과 감정으로 풀어낸다. 삶과 죽음을 추상으로만 말하지 않고, 구체적인 인연과 감각의 언어로 구성함으로써 독자에게 실존의 진실을 체험하게 한다.

시집을 관통하는 핵심적인 다음 네 가지 키워드로 구체적으로 시들을 살펴보자.

1. 무상과 충만 사이를 관통하는 시의 철학

"형상은 공에서 나오고 공은 형상으로부터 돌아간다."

불교의 반야심경에서 유래한 "공즉시색, 색즉시공空卽是色, 色卽是空"은 단순한 형이상학적 언명이 아니다. 그것은 인간 존재와 세계의 실상을 꿰뚫는 간명한 진실이다. 여기 모인 시편들은 실존의 공허와 충만, 생과 사, 집착과 해탈 사이를 왕복하며 고요하고도 깊은 내면의 성찰을 펼쳐 보인다. 시인은 단지 감정을 나열하는 데 그치지 않고, 철학적인 자각 속에 인생과 자연을 관조한다. 마치 선승禪僧의 침묵 속 독백처럼, 언어는 절제되어 있고 주제는 명징하다. 특히 공空을 깨닫는 데서 출발해 색色을 긍정하고, 다시 공으로 회귀하는 여정은 곧 인간의 실존적 순례길과 같다고 할 것이다. 시인은 이런 불교의 무상관無常觀을 일상의 언어로, 자연의 비유로, 그리고 생의 단면으로 구체화한다.

「원죄」는 "이곳에 올 때 가지고 온 건 빈 백지장 같은 마음"이라는 구절로 시작된다. 인간은 본래 아무것도 가지고 태어나지 않았으며, 그 위에 삶의 그림을 '그려간다'. 이러한 표현은 불교의 무아無我 개념과도 맞닿아 있다. 시인은 이 '그림'을 "영혼이 먹고 자라는 양식"이라 말한다. 삶의 경험은 곧 업業이며 동시에 존재의 본질이 된다. 하지만 그것이 집착이 되어버릴 때, 시적 화

자는 "죄의 족쇄"에 갇혀 "방랑자"가 되고 만다. 사랑과 죄, 인연과 이별이 엇갈리는 이 시 속에서 인간은 결국 '한바탕 연극'을 마치고 떠나는 존재일 뿐이다. 이로써 시인은 무상의 법칙을 응시하면서, 동시에 거기서 '목적'을 찾아 헤매는 자아를 직시한다.

「지나는 자리」에서는 시적 자아가 자신의 인생을 '상처의 자리'로 인식한다. "잎이 떨어져 나간 자리의 상처"는 시간의 흐름 속에서 불가피한 상실을 상징하며, "근본인 뿌리가 상처를 잡아주듯"이라는 구절은 존재의 기반이 여전히 삶을 지탱하고 있음을 암시한다. 고통은 부정되지 않고 껴안아진다. 이러한 통찰은 단지 개인적 감상의 산물이 아니라, 자연의 법칙에서 발견된 삶의 윤리이다. "이별이라 생각하지만/ 또 다른 시간이 와서 채워주리니"라는 말에서 보듯, 시인은 무상을 숙명으로 받아들이는 데서 멈추지 않고, 그 위에 희망을 피워낸다. 그것은 단지 낙관의 감정이 아니라, 철학적 각성의 결과로써의 긍정이다.

「신이 뜻이라면」은 일견 기도문처럼 보인다. 그러나 시의 내면에는 인생과 운명에 대한 성찰이 고요히 깔려 있다. "행복과 불행 모두 한 몸으로 나왔다"는 구절은 동양의 음양론을 연상시키며, 인간의 운명을 이분법적으로 구분하지 않는 태도를 보여준다. '부정'과 '포기'가 신을 모독하는 것이라면, 이 세계는 긍정의 시선으로 받아들여야 한다. "긍정하는 자는 청춘이요 부정하는 자는 노인이라네"라는 직설적 구절은 다소 도발적이지만, 결국은 정신의 활력을 강조하는 선언이다. 여기에서 '청춘'은 생물학적 나이가 아니라 '존재의 태도'이다. 시인은 수동적 체념이 아닌 능동적 수용을 권유한다.

「번뇌」는 철학적 정점을 이룬다. "모든 것들이 소멸되었다가 시간이 지난 후에/ 다시 태어나고 없어지고/ 다시 생기는 이 자연의 섭리"는 바로 연기緣起의 법이다. 시인은 이 법칙을 지식으로 아는 것을 넘어서, '삶의 실감'으로 느끼고자 한다. 그래서 "이 순간을 잡으려 아우성인가?"라는 물음은 부질없는 집착을 자각하는 한탄이다. 하지만 시는 결코 허무주의로 빠지지 않는다. "가고 또 오는 인생 또한 그러한 것을"이라는 구절은 윤회를 은유하면서도, 인간 존재가 자연의 순환 속 일부임을 일깨운다. 시인은 스스로의 삶을 부끄러워하면서도, 노을을 보며 다음 날을 맞이한다. 이는 해탈을 향한 절박하면서도 평온한 자세로 보인다.

이 시편들은 유심唯心과 선禪 사상에 깊은 영향을 받아 현대적 언어로 계승하고 있다. 산문시 형식을 취하면서도 명징한 철학적 이미지와 정서를 유지한다는 점에서 그 밀도 또한 높다. 이러한 점이 독자에게 삶의 깊은 울림을 던지는 것으로 보인다. 그것은 단순히 서정적인 감동이 아니라, '존재란 무엇인가'라는 물음과 '어떻게 살아야 하는가'에 대한 답을 함께 제공하기 때문이다. 시인은 불확실성과 불완전함으로 가득한 세계 속에서, 그럼에도 불구하고 존재를 긍정하고 살아가려는 강한 의지를 보여준다. 이러한 정신은 오늘날처럼 불안정한 시대에 더욱 깊은 울림으로 다가온다.

2. 인연의 수레바퀴를 따라 피어나는 공존의 미학

"이 세상 모든 것은 원인과 조건이 만나 이루어진 것이기에 그 무엇도 홀로 존재하지 않는다."

한 편의 시는 삶을 사유하는 일이기에 여기 모인 시편들의 연결은 그 삶의 궤적을 따라가는 하나의 순환적 시간이다. 그것은 곧 삶과 죽음, 시작과 끝, 소유와 비움, 기억과 망각이라는 인간의 근본적인 존재 조건에 대한 통합적 성찰이며, 불교적 세계관에 기초한 윤회적 순환의 시학이다.

이 시편들이 가진 가장 큰 미덕은, 삶의 '순환'과 존재의 '공空'을 형이상학적 추상으로 말하지 않고, 매우 구체적인 사물과 장면, 인간의 체온이 닿는 말들로 전개하고 있다는 점이다. 동시에 각 시편은 '단절'이 아닌 '잇닿음'의 방식을 택해, 시들이 개별적으로 뚝뚝 끊어지지 않고 한 편의 거대한 시로 나아가게 한다. 마치 한 수행자의 내면이 관조에서 명상으로, 명상에서 해탈로 나아가는 여정처럼 시들은 자신의 무게를 덜어가며 깨달음의 경지에 가까워진다.

「무소유」는 존재의 소멸성에 대한 성찰을 담는다. 시인은 우리의 몸조차도 내 것이 아니며, 그저 '잠시 빌려 쓰고 있을 뿐'이라고 단언한다. 이 구절은 불교 사상의 핵심인 무아無我를 기반으로 하며, 인간이 집착하는 모든 것들이 실은 환영에 불과하다는 철학적 토대를 시적으로 구성해 낸다. "채워도 채워지지 않고 비워도 비워지지 않는 무한의 마음"이라는 구절은 특히 탁월하다. 인간의 본질적 결핍, 욕망의 무한한 구조를 통찰하면서, 그 결핍의 근원이 '소유하려는 마음'에서 비롯되었음을 직시하고 있기 때문이다.

시인이 제안하는 해법 또한 단순하고도 근본적이다. "이제 다 내려놓고 가벼운 마음으로／ 빈손으로 이별을 기다리며 보내자." 이 짧은 행간에 담긴 깨달음은, 비움이 곧 자유로 가는 문임을 선언하는 것이다. 그리고 이 시는 이후에 이어질 시편들의 철학적 기초가 된다. 존재는 집착이 아닌 순환의 일부이며, 모든 것은 빌려 쓰는 인연의 결과물일 뿐이다.

「생과 사」는 육체의 연기緣起와 생명 윤회의 논리를 시로 풀어

낸다. 특히 "지수화풍 네 가지 원소"는 불교의 사대설에서 유래한 것으로, 인간의 육체와 자연이 본질적으로 다르지 않다는 점을 강조한다. 이 시에서 육체는 '그림자'이고, '뜬구름'이며, '꿈'에 불과하다. 이러한 표현들은 존재의 무상함을 강조하는 동시에, 그것이 '헛됨'이 아닌 진실한 깨달음의 지점임을 말한다. 또 "죽음이란 아주 없어지는 것이 아니고 있었던 인연이 끝난 것"이라는 문장은 시 전체를 꿰뚫는 핵심 사유다. 시인은 죽음을 '소멸'이 아니라 조건의 변화로 받아들이며, 그 변화 속에서도 생은 계속 이어진다고 믿는다. 이는 동양적 윤회관의 핵심이며, 서양 실존주의의 불연속적 죽음 인식과는 달리, 죽음을 삶의 또 다른 국면으로 수용하는 태도를 보여준다.

「비석」은 앞선 두 시가 삶과 죽음을 우주적 차원에서 성찰했다면, 그것을 역사적·인간적 차원으로 끌어내린다. 바래고 닳아 글자조차 읽히지 않는 비석 하나는, 사라진 조상의 흔적이자 망각 속의 기억이다. 시인은 이 사물 하나를 통해 기억과 정체성의 관계를 탐구한다. 그러나 이 비석은 단지 과거로 가는 통로만은 아니다. "가던 길 멈추어 비문에 눈길 보내며 생각해 본다"는 대목은, 현재의 삶이 과거의 시간 위에 놓여 있다는 깨달음을 담고 있다. 비석은 존재의 무상성을 드러내는 사물임과 동시에, 그 무상 위에 서 있는 '기억의 윤리'를 말한다.

「태어남과 소멸」은 자연의 순환 속에 존재를 바라보는 명상의 시이다. 특히 "동시에 나타나는 작은 여유를 가지고/ 지나온 길을 멈추고 명상에 잠겨 본다"는 시인의 태도는, 급박한 시간의 흐름을 멈추고 내면의 시간을 들여다보는 순간이다. 특히 "소멸되어야 태어난다는 법칙"이라는 구절은 자연 생태의 원리이자 불교의 연생연멸緣生緣滅의 논리를 그대로 반영한 역설이다. 즉, '소멸'은 단지 없어짐이 아니라 '새로운 조건의 생성'이라는 깨달음이 담겨 있다. 또 "진흙 속에서 피어나는 연꽃처럼 살라고/ 바람은 우리를 깨워주는 것이다."라는 구절은 시인이 생과 사를 넘어 고통을 견딤으로써 도달할 수 있는 존재의 아름다움을 드러내는 핵심이다. 연꽃은 불교에서 청정한 깨달음의 상징이며, 진흙은 세속적 고통의 세계로서, 결국 생의 존엄함이 소멸의 인식 속에서 완성된다는 통찰을 안겨주기 때문이다.

「영원한 이별」은 철학적 궤도를 감성적으로 종결짓는 작품이다. "영혼은 훨훨 새처럼 하늘을 날아/ 구름 사이로 사라져 간다."는 장면은 죽음을 초월의 이미지로 승화시키는 대목이다. 친구의 죽음을 단지 슬픔으로만 포착하지 않고, 영원한 작별이 주는 깊은 사랑의 형상으로 담아낸다. 또 "삶의 이치를 누구보다 일찍 터득하여 비움을 실천하였고"라는 구절은, 친구가 깨달음의 삶을 산 수행자처럼 그려지는 대목이다. 이 시를 통해 시인은 그가 사랑한 사람, 떠나보낸 이의 삶을 자기 인식의 거울로 삼는다. 곧 '인연의 수레바퀴'가 비로소 하나의 완결을 이루는 순간이다. 독자 또한 그 순간, 죽음을 삶의 일부로 받아들이는 통과 의례를 함께 치르게 된다.

이 시편들에서 시인이 선택한 언어는 결코 현학적이지 않으며, 단정하고 소박하지만 그 속에 담긴 철학은 깊고 엄정하다. 특히 이 시편들은 후기 모더니즘의 선적 미학과 동양 정신주의 시의 흐름 위에 자리한다. 삶과 죽음을 철학적 물음으로 포착하고, 그것을 순환적 세계관 안에서 새롭게 구성하려는 시도는 동양 정신의 미학적 계승이자 현대 시의 실존적 확장이라 할 수 있기 때문이다.

3. 존재의 부재에서 피어나는 실존의 꽃

철학자 마르틴 하이데거는 "존재는 늘 은폐된 채 드러난다"고 했다. 이 시인 또한 '나'라는 허구적 자아의 장막을 걷어내고, 인연因緣과 업보業報의 망에서 '진실로 존재하는 것'의 모습을 응시하려 한다. '내 것은 없다'는 부정적 명제를 통해 드러나는 것은 결국 '비어 있으므로 충만한 존재', 즉 공空의 존재이다. 존재의 법칙에 대해 "원인이 있어 연을 만들고, 행위가 있게 되고 결과의 열매에 의해 결정된다"고 시인은 말한다. 이처럼 모든 것은 인연 속에서 일어나고 사라지며, 이 끊임없는 순환 속에서 '고정된 나' 란 허상일 뿐이다.

이 시편들의 여정은 '내 것은 없다'는 명제를 통해 시작되지만, 그 종착지는 '모든 것이 있다'는 궁극적 깨달음으로 향해 간다. 시인은 '부재'의 선언을 통해 '진실한 존재'를 역설한다. 이 역설은 단순한 언어유희가 아닌, 선불교의 직관적 사고와 수행적 통찰에 기반한 형이상학적 사유이다. 각각의 시들은 마치 참선의 단계처럼 내면의 깊이를 점층적으로 넓혀간다. 마침내 '내 것은 없음'이란 비워진 자리에 세계의 온갖 현상이 충만하게 드러나는 것이다.

「인연 업보」는 이러한 여정의 첫걸음이다. "이 자리는 언제나 업보의 순간이면서 새로운 인을 심는 자리"라는 구절은 우리 삶의 매 순간이 단순한 시간이 아닌, 인과의 씨앗을 심고 거두는 행위의 장이라는 점을 환기시킨다. 인간 존재는 고정된 주체가 아니라, 끊임없이 짓고 받으며 순환하는 '과정으로서의 나'이다. 이 시에서 '거짓 나'와 '참된 나'의 대비는 자아 해체의 철학을 극적으로 드러낸다. 나라는 존재는 독립적 실체가 아니라, 관계 속에서 조건 지어진 결과이며, 따라서 자아에 대한 집착은 고통의 뿌리이자 무명의 근원이다. 시인은 이런 인식 위에 '없어지지 않는 나'—즉 우주의 흐름과 연결된 보편적 자아—를 찾고자 한다.

이어지는 「원래 하나인 것을」은 존재의 경계를 허무는 시적 사유가 펼쳐진다. "우주는 공간적으로 하나이며/ 시간적으로 하나이다"라는 선언은 인간이 경험하는 분별과 구분이 실은 업식—즉 과거 업으로 형성된 인식의 틀—에 기초한 허상임을 밝힌다. 우리가 '너'와 '나'를 구분하는 순간, 이미 우주적 통일성과의 단절이 시작된다. 그러나 이 시는 그 단절을 가로질러 다시금 하나됨의 자리로 돌아가자고 제안한다. 고난마저도 '나에게 주어진 것'으로 받아들이는 자세는 단순한 체념이 아니다. 그것은 세계의 법칙을 이해한 자만이 도달할 수 있는 자유의 감각이다.

「내 것은 없다」는 인간의 근원적 불안을 포착한다. "내가 소유하고 있는 것들 세상의 만물은/ 본래 누구의 것이 아니며 다만 거기에 존재할 뿐이다"라는 표현은, 존재의 무소유성을 가리킨다. 소유는 착각에서 비롯된 집착이며, 집착은 곧 불안과 괴로움의 근원이다. 하지만 시인은 무소유를 단지 부정적 결핍이 아닌, 존재의 자유를 위한 선결 조건으로 제시한다. 오히려 집착하지 않음으로써 더 온전히 존재할 수 있고, 비어 있음으로써 더 많이 담을 수 있게 된다. 여기서 언급되는 "오고 감이 없는 경지, 취하고 버림이 없는 경지"는 불교에서 말하는 '평상심'의 세계이며, 중도中道의 세계이다. 이 시는 공空의 철학을 일상의 정서로 번역해 낸 성찰적 언어의 모범이라 할 수 있다.

「오늘만 생각하며」는 이 시군 전체의 시간관을 가장 잘 드러낸다. "과거의 마음을 찾으려 하나 찾을 수 없고/ 현재의 마음도 구하려고 하나 구할 수 없고/ 미래의 마음 또한 얻을 수 없다"는 구절은 『금강경』의 명구를 방불케 한다. 이는 시간의 허상을 벗기고 오직 '금 이 순간'만이 진실임을 일깨운다. 시인은 미래를 불안으로 예측하지 않으며, 과거를 회한으로 끌어오지 않는다. 단지 오늘, 지금 여기에서 마음을 다하는 것이 바로 전체 삶을 완성하는 길임을 말한다. '오늘'의 충만함 속에서 모든 시간이 응축된다. 이는 곧 인간의 실존적 구원은 먼 미래나 특별한 계시에 있는 것이 아니라, 일상 속에 잠재된 수행적 삶의 자세 속에 있음을 가리킨다.

「무아無我」에서 "밖에서 온 것이 주인 노릇을 한다"는 구절은 인간 자아가 외부 환경과 언어, 문화, 관계 속에서 만들어졌음을 지적한다. '내'가 '내 것'이 아님을 아는 순간, 비로소 '무아'의 문이 열린다. 그러나 이 무아는 단지 자기를 소멸시키는 침묵의 상태가 아니다. 오히려 시인은 무아를 '남을 위함'이라는 실천적 차원으로 확장시킨다. 자기를 지우는 행위는 곧 타인을 향해 발벗고 나서는 윤리의 출발점이다. 이는 자아 해체 이후 도달하는 '존재의 긍정'이며, 철학적 무아에서 불교적 자비로 나아가는 시인의 시적 진화라 할 수 있다. 이 시에서 우리는 윤회의 구도자가 수행을 마치고 깨달음에 도달하는 듯한 차분한 성찰을 경험하게 된다.

이렇듯 다섯 편의 시들은 시인의 내면 여정이라는 흐름 안에서 유기적으로 연결되어 있다. '거짓 자아의 해체 → 우주의 통합성에 대한 자각 → 무소유와 집착의 탈피 → 현재의 절대성 인식 → 무아의 실천'이라는 일련의 철학적 전개는 선문답처럼 명확하지 않으나, 시어의 잔잔한 파동을 따라가다 보면 독자는 어느새 '존재의 깊은 울림'을 마주하게 된다. 철학자 니체가 "자기 자신을 초극하라"고 했듯, 이 시들은 자기를 버려 자기를 찾는 역설의 여정이며, 그것은 곧 '공의 시학'을 통한 존재론적 실천이기도 하다.

4. 귀의의 시학, 존재의 근원으로 되돌아가는 시인의 길

우리가 끝없이 머물다 떠나는 인생이라는 강 위에서 문득 고요히 자신을 되돌아보는 순간, 시는 길이 되고 뿌리가 되며, 다시 돌아갈 자리를 가리킨다. 이 시인에게 시란 단지 감정의 표출이 아니라 존재의 근원에 대한 회귀이며, 불교적 '귀의歸依' 혹은 선적 '무심無心'의 자리에 닿고자 하는 영혼의 순례. 여기 모인 시편들은 그 흐름을 따라 자연, 기억, 허무, 역사, 생의 마지막에 이르기까지의 순환을 보여주며, 삶을 사유하는 철학적이고도 직관적인 여정으로 우리를 이끈다. 독일 철학자 하이데거는 "시인은 존재의 목자"라 했다. 존재를 말없이 지키고, 그 앞에 서는 자가 시인이란 의미이다. 이 시인은 그러한 시인의 길을 충실히 걷고 있다. 특히 자연을 사유의 대상으로 삼는 방식은 단순한 찬미가 아닌 법계法界의 질서에 대한 인식에서 비롯된다.

「자연에서 배우는 법칙」에서 자연은 질서정연함과 중심을 잃지 않는 고요함으로 그려지며, 이는 곧 삶에 대한 도덕적 가르침처럼 다가온다. 시인은 이를 통해 "속이지 않고, 하나의 마음과 방향을 유지하는 삶", 즉 수행자의 태도를 말한다. 여기서 이미 불교의 '무위無爲의 삶'이 암시된다.

「초록의 향기」에서는 더 구체적으로 자연과의 합일을 체험한다. 시인은 '욕망과 허물을 던지고' 푸르름을 맞이하며, 자연과의 조화를 통해 내면의 정화와 치유를 얻는다. 바람, 햇살, 이끼와 같은 사물은 시 속에서 살아 있는 영혼처럼 기능하며, 모든 존재는 연결되어 있다는 불교적 연기緣起의 원리가 시의 바탕을 이루고 있다. 자연은 더 이상 외부의 풍경이 아니라 삶의 내면이 반영된 거울로 작동한다.

이러한 흐름은 「나목」과 「노을을 붙잡고」에서 더욱 깊어진다. 「나목」은 모든 것을 떨군 '알몸의 나무'를 통해 인간의 고통과 상처, 상실을 받아들이는 자세를 보여준다. "벌거벗고 다가올 자유를 향해/ 겨울을 생각하며 상처를 꿰매고 있다"는 구절에서 고통을 단순히 참는 것이 아니라 그 안에 자유와 만남을 준비하는 '진통'으로 승화시키려는 의식이 드러난다. 이는 불교적 '공空'과 기독교적 '카타르시스'가 교차하는 시적 공간이다.

이 시를 잇는 「노을을 붙잡고」에서는 하루의 끝, 죽음, 추억, 그리고 설렘이 동시에 등장하며 '순간 속의 영원'을 성찰한다. "노을이 사라지는 시간을 떠올리며 추억과 이별, 쓸쓸함이 공존하는 이 순간"은 곧 '살아 있는 죽음'이며, 현재와 과거, 생과 멸이 함께 있는 시적 무상無常의 풍경이다.

시인은 과거 역사 속 인물인 장보고를 환기시키는 「선인의 뒤를 따라」를 통해 삶의 물리적, 정신적 여정을 바다라는 이미지로 풀어낸다. 여기서도 불교의 '바다 = 중생세계'라는 상징성이 내포되어 있으며, 용맹하게 전진하는 선인의 이미지는 곧 시인이 스스로에게 건네는 다짐이기도 하다. 단지 과거의 서사에 머무는 것이 아니라 역사를 현재화하면서 새로운 존재론적 의미를 부여하고자 한다. 역경을 견디고 뚫어내는 정신은 「노인의 길」로 자연스럽게 이어지며 노년기 삶에 대한 통찰로 마무리된다.

「노인의 길」에서는 '늙음'이라는 자연의 과정을 받아들이는 가운데, 시인은 "낙엽이 옷을 벗듯 새로운 생명을 탄생시키기 위해 새 옷을 준비한다"고 말한다. 죽음을 결코 절망이 아닌 다음을 위한 준비로 인식하는 이 시각은 삶과 죽음이 둘이 아닌 하나임을 이해하는 불이不二의 철학을 담고 있다. 이는 문학사적으로도 '만년의 시학' 혹은 '회귀의 시학'이라 부를 수 있으며, 인간의 생애 전 과정을 하나의 시 속에 완성시킨다.

이러한 시적 사유는 한국 현대시의 서정성과 깊이 있는 철학이 만나는 지점에서 중요한 문학사적 의의를 갖는다. 시인은 존재의 본질에 다가서려는 '물러섬 없는 탐구자'로서의 시인상을 보여준다. 결국 이 시들이 보여주는 바는 단순한 정서적 위안이 아니다. 그것은 시간과 생, 자연과 존재, 기억과 죽음이 모두 연결된 하나의 선禪적 순환 구조 안에서, 우리 모두가 돌아가야 할 근원적인 자리에 대해 사유하게 만든다. 그 자리에서 우리는 더 이상 이방인이 아니며, 시를 통해 그 자리에 뿌리내릴 수 있다. 시인은 묻지 않고 말하지 않으나, 그의 시는 조용히 우리 손을 잡는다.

"이곳이 너의 자리야, 네가 돌아갈 곳이야."

지금까지 키워드를 중심으로 바라본 이 시집의 핵심 요소들을 정리하면 다음과 같다.

첫째, 무상의 인식과 수용이다.

이 시집은 인간 존재의 근본인 무상을 정면으로 응시한다. 존재는 소멸하며, 모든 것은 인연에 따라 생겨나고 사라진다. 그러나 이러한 인식은 절망이 아니라 수용과 긍정의 기반이 된다.

둘째, 관계적 자아의 발견이다.

시인은 고정된 자아를 부정하며, 자아를 인연 속에서 끊임없이 형성되고 소멸하는 '관계의 존재'로 본다. 이로써 '나'는 독립된 주체가 아니라 '과정 속의 나'로 재정립된다.

셋째, 실존의 순환적 이해에 도달한 점이다.

생과 사, 시작과 끝, 고통과 희망은 대립항이 아니라 하나의 연속적 흐름 속에 있다. 시는 이 순환을 통해 인간의 삶을 받아들이고, 그 안에서 해탈과 평화를 찾아간다.

은암 강연익의 세 번째 시집 『노을을 붙잡고』는 불교 철학과 현대시의 통합을 실천한 독자적 성취로 평가된다. 강연익 시인은 동양 정신주의 시의 흐름을 계승하면서도, 산문시 형식을 통해 독자에게 쉽게 다가가는 방식으로 철학적 깊이를 전달한다. 존재의 본질을 탐구하는 이 시편들은 현대 한국시에서 '실존적 수행시'의 독자적 자리를 차지하며, 사유와 정서의 균형 면에서도 높은 미학적 완성도를 보여준다.

은암 강연익 시인의 시 세계는 삶과 죽음, 공과 색의 경계를 탐색하는 내면의 철학적 여정을 보여준다. 이는 단순한 사상적 반복이 아니라, 존재를 둘러싼 언어의 형식과 감정의 깊이를 지속적으로 갱신하는 과정이다. 향후 작품에서는 보다 다양한 형식 실험과 세대적 언어의 접목을 통해 이 사유의 깊이가 보다 폭넓은 감성으로 확장되길 기대한다. 한국 시단에서 '사유의 서정'을 새롭게 쓰는 시인으로, 그의 목소리는 앞으로 더욱 깊고 넓어질 것으로 기대된다.

그림과책 시선 336

노을을 붙잡고

초판 1쇄 발행일 _ 2025년 9월 18일

지은이 _ 강연익
펴낸이 _ 손근호

펴낸곳 _ 도서출판 그림과책
출판등록 2003년 5월 12일 제300-2003-87호

03924 서울특별시 마포구 월드컵북로54길 17 821호
    (상암동, 사보이시티디엠씨)
    도서출판 그림과책
전화 (02)720-9875, 2987 _ 팩스 (02)720-4389
도서출판 그림과책 homepage _ www.sisamundan.co.kr
후원 _ 월간 시사문단(www.sisamundan.co.kr)
E-mail _ munhak@sisamundan.co.kr

ISBN 979-11-93560-43-3(03810)

값 12,000원

이 책의 판권은 지은이와 그림과책에 있습니다.
잘못된 책은 교환해 드립니다.

이 책은 2025년도 메세나매칭결연사업의 일환으로 지원을 받아 발간되었습니다.